100位

为新中国成立作出突出贡献的英雄模范人物

罗亦农

闫 峰/编著

★

吉林文史出版社

图书在版编目（CIP）数据

罗亦农 / 闫峰编著. -- 长春：吉林文史出版社，
2011.4（2022.4重印）
（100位为新中国成立作出突出贡献的英雄模范人物）
ISBN 978-7-5472-0541 9

Ⅰ. ①罗… Ⅱ. ①闫… Ⅲ. ①罗亦农（1902～1928）一
生平事迹 Ⅳ. ①K827=6

中国版本图书馆CIP数据核字(2011)第050738号

罗亦农

LUOYINONG

编著/ 闫峰

选题策划/ 王尔立　责任编辑/ 王尔立

装帧设计/ 韩璘

出版发行/ 吉林文史出版社

地址/ 长春市福祉大路5788号　邮编/ 130118

电话/ 0431-81629363　传真/ 0431-86037589

印刷/ 天津海德伟业印务有限公司

版次/ 2011年4月第1版 2022年4月第6次印刷

开本/ 640mm×920mm　1/16

印张/ 9 字数/ 100千

书号/ ISBN 978-7-5472-0541-9

定价/ 29.80元

《100位为新中国成立作出突出贡献的英雄模范人物》丛书

★★★★★

编 委 会

主　任　　张自强　高　磊

副主任　　王东炎　徐　潜　张　克　王尔立

编　委　　郭家宁　尚金州　龚自德　张菲洲

　　　　　张宇雷　褚当阳　丁龙嘉　孙硕夫

　　　　　李良明　闫勋才

/100位

为新中国成立作出突出贡献的英雄模范人物/

八女投江	于化虎	小叶丹	马本斋	马立训	方志敏
毛泽民	毛泽覃	王尔琢	王尽美	王克勤	王若飞
邓 萍	邓中夏	邓恩铭	韦拔群	冯 平	卢德铭
叶 挺	叶成焕	左 权	诺尔曼·白求恩		任常伦
关向应	刘老庄连	刘伯坚	刘志丹	刘胡兰	吉鸿昌
向警予	寻淮洲	戎冠秀	朱 瑞	江上青	江竹筠
许继慎	阮啸仙	何叔衡	佟麟阁	吴运铎	吴焕先
张太雷	张自忠	张学良	张思德	旷继勋	李 白
李 林	李大钊	李公朴	李兆麟	李硕勋	杨 殷
杨子荣	杨开慧	杨虎城	杨靖宇	杨闇公	萧楚女
苏兆征	邹韬奋	陈延年	陈树湘	陈嘉庚	陈潭秋
冼星海	周文雍、陈铁军夫妇		周逸群	明德英	林祥谦
罗亦农	罗忠毅	罗炳辉	郑律成	恽代英	段德昌
贺 英	赵一曼	赵世炎	赵尚志	赵博生	赵登禹
闻一多	埃德加·斯诺		夏明翰	格里戈里·库里申科	
狼牙山五壮士		聂 耳	郭俊卿	钱壮飞	黄公略
彭 湃	彭雪枫	董存瑞	董振堂	谢子长	鲁 迅
蔡和森	戴安澜	瞿秋白			

前 言

　　每个人的心中都多少有一点英雄情结，都向往英雄、景仰英雄。也正因此，在中华人民共和国建国六十周年之际，由中央十一部委联合组织开展的"100位为新中国成立作出突出贡献的英雄模范人物和100位新中国成立以来感动中国人物"的评选活动中，群众参与投票总数近一亿。这其中的每一张选票，都表达了人们对英雄模范的崇敬之情，寄托着对伟大祖国的美好祝福。

　　一个民族不能没有英雄，否则这个民族就不会强大。当国家危难之时，懦弱者选择了逃避、妥协甚至投降，英雄们却挺身而出，用热血捍卫民族的尊严，人民的幸福。在创立和建设新中国的伟大历程中，涌现出无数可歌可泣的英雄模范人物。他们之中，有为了民族独立和人民解放而英勇牺牲的革命先烈，有为了党和人民的事业而不懈奋斗的优秀共产党员，有在全民族抗战中顽强奋战、为国捐躯的爱国将士，有英勇杀敌的战斗英雄和革命群众，有积极从事进步活动的著名民主爱国人士和国际友人……他们是民族的脊梁、祖国的骄傲，是激励全体人民团结奋斗的精神力量。

　　《100位为新中国成立作出突出贡献的英雄模范人物传记》丛书，就像一部星光璀璨的英雄谱，真实、完整地记录了英雄模范人物不平凡的一生，再现了他们非凡的人格魅力和精神世界。"头颅可断腹可剖"的铁血将军杨靖宇，"毫不利己，专门利人"的白求恩，"抗战军人之魂"张自忠，"砍头不要紧"的夏明翰，"俯首甘为孺子牛"的文化斗士鲁迅……一串串闪光的名字，一个个动人的故事，犹如群星闪烁，光耀中华。

　　如今，战火已熄，硝烟已散，英雄已逝，我们沐浴在和平的幸福之中。在和平年代，人们不会忘记为今日的和平浴血奋战的英雄们，英雄的故事永远不会结束。让我们用英雄的故事唤醒我们心中的激情，为中华民族的伟大复兴而奋斗。

生平简介

　　罗亦农（1902–1928），男，汉族，湖南省湘潭县人，中共党员。

　　罗亦农 1921 年赴莫斯科学习，同年冬加入中国共产党。曾任中共旅莫支部委员。1925 年 3 月回国后，参与组织和领导省港大罢工及上海工人三次武装起义。历任中共广东区委宣传部长、中共江浙区委书记、中共江西省委书记、中共湖北省委书记、中共中央长江局书记。1927 年 5 月，在中共第五次全国代表大会上当选为中央委员。1927 年 8 月，出席党的八七会议，主张用革命的、武装的手段反对国民党反动派的屠杀政策，当选为中央临时政治局委员，并先后任中共中央军事部代部长、中共中央组织部长、中共中央长江局书记等职。同年 11 月当选为中央临时政治局常委。同年底离开武汉前往上海中共中央机关工作。1928 年 4 月 15 日，因叛徒出卖被捕。他在狱中写下绝命诗："慷慨登车去，相期一节全。残躯何足惜，大敌正当前。"表现了一位共产党员视死如归的革命气节。1928 年 4 月 21 日被国民党反动派杀害，年仅 26 岁。中共中央在《布尔什维克》第二十期上刊发《悼罗亦农同志》文章，指出："罗亦农同志的热烈的革命精神，可为中国共产党全党党员的楷模。"

1902-1928
[LUOYINONG]

◀ 罗亦农

目 录 MULU

■最后的胜利一定是我们的（代序） / 001

■叛逆少年（1902–1918） / 001

私塾里的淘气书生 / 002
罗亦农生于湖南湘潭一富绅之家，自幼聪明伶俐，小小年纪就能帮助小伙伴们抵抗恶势力。

0-10岁

11-13岁　**书馆里用功的学生** / 005
师承郭月卿，开始接受西方科学文化知识。

父亲眼中的逆子 / 007
喜欢打抱不平，为此成为父亲眼中的"罗家逆子"；考入美国人办的益智学校学习；两年后因不满美国人的奴役教育而退学。

14-16岁

■离家求学追求新思想（1918–1924） / 013

初到上海 / 014
受到五四运动的先进思想影响，罗亦农毅然离开家乡，奔赴上海求学。经陈独秀介绍，进入上海社会主义青年团，成为外国语学社的首批团员。

16-18岁

19岁

回乡探亲 / 019
留学苏俄前回乡探亲，奋笔疾书"铲除恶势力"几个大字。

到苏俄去找一条出路 / 021
进入苏俄东方大学学习，并担任第一届中国旅莫组书记；在此期间对共产主义有了全新的认识；组织在俄留学人员积极开展各项活动，为国内培养了一批又一批的干部人才。

19-22岁

■将马克思主义应用于中国（1925） / 031

学成回国 / 032
因国内革命形势需要，罗亦农、王若飞等被选调回国；他在莫斯科的四年里工作得到了大家的一致肯定。

23岁

参加全国第二次劳动大会 / 034
到广州参加全国第二次劳动大会，发表《"五一"纪念与农民》一文；成为中央驻粤临时委员会委员；针对广州的形势开展一系列工作。

23岁

党校工作培养人才 / 040
应李大钊的要求，罗亦农留京主持北方区委党校工作，为全国特别是北方地区培养了大批的革命干部。

23岁

■上海暴动的创造者（1925-1927） / 041

重返上海主持工作 / 042
党校工作结束后，返回上海任江浙区委书记；针对上海总工会被封等实际情况做出了一系列的计划安排；多次发动小规模暴动。

23-24岁

两次失败的武装起义 / 056

1926年10月和1927年2月，罗亦农等人先后组织了两次工人武装起义，因错误地估计了北伐军的形势和武装起义工作准备不足而以失败告终。

24-25岁

第三次武装起义 / 083

配合北伐军进攻上海的时机，同周恩来等同志发动第三次工人武装起义，取得了胜利，为中国共产党领导武装斗争创造了成功的经验。

25岁

■工农武装斗争的领导者（1927-1928） / 097

组织秋收暴动 / 098

1927年5月，罗亦农接替张太雷任中共湖北省委书记，协同中央制定湘鄂粤赣四省的秋收暴动行动大纲。

25岁

参加八七会议 / 100

出席中共"八七"会议，总结了大革命失败的根本原因是对资产阶级的力量估计过高，忽视了武装夺取政权，罗亦农被选举为中共中央政治局常委。

25岁

领导长江局工作 / 106

由于两湖起义失败，中共中央决定将总部由武汉调入上海，并成立长江局，罗亦农先后任长江局书记、中共组织部长，并提出开展武装割据、游击战争的工作思想。

25岁

英勇就义 / 115

26岁 因叛徒出卖，罗亦农在上海准备与山东代表接头时被巡捕抓获，虽然周恩来等同志积极营救，但没有成功，后被国民党杀害。

■后记 碧血洒龙华 神州遍红花 / 126

最后的胜利一定是我们的（代序）

　　1928年4月21日下午，天空乌云密布，上海西郊的龙华刑场戒备森严，一位身穿直贡呢马褂、灰色哔叽长袍的男子被押入刑场，他面无惧色、大义凛然，面对敌人的枪口，高呼"共产主义万岁！""最后的胜利一定是我们的！"英勇就义，年仅26岁。他就是中国共产党早期著名的工人运动领袖、无产阶级革命家罗亦农。

　　罗亦农早期留学俄国，学习先进的马克思主义思想，接受进步教育，成为最早的一批共产党员，回国后积极参加工人运动，最著名的就是同陈独秀、周恩来、赵世炎等人领导的第三次上海工人武装起义，为中国共产党领导武装斗争创造了成功的经验，誉满大江南北。周恩来在党的"六大"上曾热烈地称赞他"是上海暴动的创造者"。他勇于开拓中国革命的正确道路，从革命处于低潮、敌强我弱的形势出发，率先提出了"工农武装割据"的思想，派大批干部到农村中去，开展游击战争，建立工农政权，实行土地革命。他的许多思想，对指导中国大革命和土地革命的发展，发挥了重要作用。

　　因为他多次领导上海的工人运动，在上海的名声很高，同时他也成了国民党反动派和帝国主义的"眼中钉"，悬赏万元追捕的告示布满上海的大街小巷，但就是在这种危险的情况下他仍然将自身的安危置之度外，勇敢机智地应付各种复杂情况，不辞辛苦地劳碌着。即使是在被叛徒出卖后，他首先考虑到的是要来接头的同志，他用自己的生命换来了同志的安全，自己却长眠在那片他为之奋斗的土地上，离开了他万分热爱的革命事业。他的后继者们在他那句常说的"最后的胜利一定是我们的"鼓舞下，英勇前进、战胜困难，最终实现了他"铲除恶势力"的革命目标，建立了社会主义的崭新制度，取得了改革开放和现代化建设的伟大成就，他的鲜血凝结在党和人民的事业中，他的精神活跃在一代代共产党人的心中。

叛逆少年

(1902—1918)

→ 私塾里的淘气书生

★★★★★

（0—10岁）

罗亦农，1902年5月18日出生于湖南省湘潭县易俗河镇雷公塘一个富裕的家庭。原名善扬，字慎斋（罗氏族谱中记载为敬斋，是因为慎斋与清光绪皇帝的老师罗典（慎斋）同名，为避讳而代改的，罗亦农生前从未用过，也不知道），号振钢。参加革命后，改名觉、亦农（为的是不忘记苦难深重的中国农民），还用过一农、林子谷、布哈洛夫等名字。为应付敌人，伪装商人时，用过李汉樵的化名。

父亲罗子厚是管辖罗家几所公堂的地方团总，在易俗河街上还合股开店，又独家开了个"石昌发"礁坊,专做米生意,是个闻名遐迩的富绅。罗亦农还有一个哥哥名善表,字懋斋,两人自幼都聪明伶俐,深得父亲喜爱。

在罗亦农六七岁的时候,父亲送他们兄弟两人去私塾读书,希望他们将来能光宗耀祖。私塾离家不远,在白云山脚下。学的是《三字经》、《增广贤文》、《论语》之类。塾师唐先生是位落第秀才,讲起课来,拖着长音,摇头晃脑,教学方式刻板,强迫学生死记硬背,引不起学生们的兴趣。

罗亦农生性好动,常常逃学出来。一个夏天,天气闷热,同学们昏昏欲睡,课堂气氛十分沉闷。看着先生开始闭目吟诗,罗亦农悄悄溜出教室,跑到河里洗澡,爬到树上掏鸟窝,玩了个痛快才回来。老先生一见,气得青筋暴跳,手执戒尺,大加训斥,罚罗亦农背书,背不好还要加倍惩罚。谁知罗亦农对所学内容早已熟悉,背起书来,流畅自然,一字不差,老先生对这个既聪明又淘气的学生,真是无可奈何。

还有一次,是个深秋,他背完书,约上几个小伙伴出去玩儿。上哪呢? 大家一商量,就上白云山。秋天的山林美不胜收,苍松翠柏,白云缭绕,溪水潺潺。罗亦农和小伙伴们蹚溪水,摘野果,忘情地玩耍着。山顶有座寺庙,院落深深,异常幽静;寺外古木参天,枯枝满地。大家走进庙里，看这看那，里里外外跑个遍。不觉夕阳西下，罗亦农说："咱们捡些干柴回去吧。"小伙伴们异口同声："要得！要得！"可哪知道，庙里的和尚对穷人很凶，宁肯干树枝落在地上腐烂，也不让穷人捡拾。正当小伙伴们捡得来劲儿，寺庙里冲出一个胖和尚，边跑边嚷："穷小子，快住手，不准捡！这里的柴火是菩萨的，捡走了柴火，菩萨会让你们肚子疼。"胖和尚一吓唬，胆小的伙伴真的不敢捡了。可罗亦农一点儿也不在乎，边捡边唱："和尚和尚，只会吃饭，胖得像猪，肚子腐烂。"胖和尚生气了，冲到罗亦农跟前，一把抓住他的衣领，抬手就要打。一个小伙伴赶忙说："打不得，打不得，他是罗老爷家的二公子。"胖和尚不信，以为是小孩子骗他，可仔细看看罗亦农的穿戴，他气鼓鼓地点点头，相信了，老爷家的公子不能惹，他举起的手软了下来。罗亦农斗败了胖和尚，小伙伴们心里也没有了顾虑，各自捡上一大捆干柴，高高兴兴回到家。

→ 书馆里用功的学生

★★★★★

（11–13岁）

11岁时，父亲把罗亦农兄弟俩又送到下摄司向家塘郭月卿办的书馆读书。郭月卿是湘潭一带很有名望的秀才，知识渊博，思想开明。他对当时腐败的清政府不满，主张改革社会，主张学生想大事，读书救国。郭月卿嫉恶如仇。当时有一恶霸，叫杨幼吾，横行乡里，无恶不作，乡里人恨透了杨幼吾。郭月卿用其名贯顶，写下一副对联："幼子无知，鸡屎蚊子戴眼镜；吾甲有脚，人形蚂蝻着衣冠。"对联流传乡里。杨幼吾知道是在影射自己，但碍于郭月卿的名气，不好下手，而且对联写得隐晦，并未明说，也让杨幼吾干受气，没办法。

在教学方法上，郭月卿反对死记硬背，注重理解和运用；他还反对八股文，在课堂上不讲授这种文体，选的都是《滕王阁序》《岳阳楼记》一类精美的文章，他除了讲解文章、掌故，还讲解《西学通考》，宣传西方科学技术，大讲维新运动、辛亥革命，抨击时弊。

郭先生的博学多才和过人胆识，让罗亦农十分敬重，学习自然很用功。他认真阅读了《四书集注》、四史、《喻世明言》等书，对孟子"民为贵，社稷次之，君为轻"的民本思想非常赞赏。罗亦农的语文底子也是这时候打下的。他还学到不少历史、地理和时局方面的知识，懂得了社会变革的道理。郭月卿对罗亦农的评价是："将来一定可以做大事。"

→ 父亲眼中的逆子

★★★★★

（14—16岁）

平日里，罗亦农喜欢听故事，看小说，他十分敬仰那些杀富济贫、除暴安良、铁骨铮铮的英雄人物，决心以他们为榜样，把自己锻炼成为一个顶天立地的英雄汉。一次，罗亦农和小伙伴外出打鸟，在路上看到两头牛在争斗，一头牛身强体壮，另一头牛低矮瘦小。两头牛斗来斗去，低矮瘦小的牛招架不住，脱身而逃，身强体壮的牛紧追不放，赶上去还要继续争斗，用牛角使劲儿撞击对方，小牛被欺负得无处躲藏。他看不下去，说："人类是强大欺负弱小，牛也是这样，这怎么行？"拿出鸟枪就要射那只强壮的牛。伙伴把他拉开，说不要这样认真，牛不是人，牲畜和人类不一样，他方才罢手。

还有一次，天气久旱不雨，罗亦农路过五房湾大垅，看到一伙人满身泥水正在掏井救禾。这口井可以浇二三百亩地；大垅的田是郭老爷家的，井也是他家的，为什么掏井的却没有一个郭家的人？罗亦农疑惑不解，问这些人道："郭家的人为什么自己不来掏井？"人们说："东家说了，种他的田，就要给他掏井。"罗亦农又问："你们帮郭老爷掏井，一天多少钱？"农民们说："我们都是租了郭家的田，天旱无雨，掏井救禾，哪个还给钱？不仅一分钱没有，菜饭也都要自己带。"罗亦农愤愤地说："干这么辛苦的活，东家却不给钱？"掏井者停下手里的活，纷纷诉苦。罗亦农说："佃田归佃田，掏井是掏井，两码事。你们可以少交租谷当报酬。"大家正议论着，东家来了，听到佃农要减租谷当报酬，死活不答应，坚持说："你们作佃，就要掏井。"双方争执起来。罗亦农问郭老爷："他们是给你种地的，不是给你来掏井的。他们佃的是你东家的田，救的是你东家的禾，就该东家出钱！若是请人掏井，是不是得付工钱？"郭老爷还想要赖。罗亦农说："你不答应，我们就到衙门告去。"几个年轻人一齐嚷嚷：不给谷子就不掏井了。双方争执不下，工也停下来。

无奈，只好开会协商。商议的结果是：由佃东每天供给掏井的农民一顿饭。他的努力为贫苦农民挣到一点利益。

罗亦农的种种做法，在父亲眼里真可谓是大逆不道。罗子厚不时感慨道："罗家出了个逆子。"最刺痛罗子厚的是邻居谢家借钱的事。

罗家与邻居谢家一直关系很好，两家经常来往，互相帮助，关系和睦。谢家要去买件东西，钱一时没凑够，就到罗家向罗子厚借了二百元纸币。谢家要写个字据，罗子厚说："不用不用，啥时有钱啥时还。"当时一元纸币值一块银圆。到还钱的时候，纸币贬值，两元纸币换一块银圆。当谢家拿着二百元纸币还给罗子厚时，罗子厚变了脸，说："这也不对呀。你借钱的时候，一元纸币值一块银圆，现在纸币不行了，两块纸币才值一块银圆。你要还钱，应该还我一百块银圆才对。"

谢家人一听也不乐意了，争辩道："借多少还多少，借什么还什么。借的是纸币，就应该还纸币，哪有借纸币还银圆的道理？"罗子厚说："此一时彼一时嘛。纸币和银圆的兑换比率变了，咱也得跟着变才是。你要是还还我二百元纸币，那不是只还我一半的钱吗？"听了罗子厚的诡辩，谢家人更来气了，说："真没想到，你罗子厚是这般财迷心窍、不讲道理的人！"两人脸红脖子粗地吵起来。

罗亦农过去把父亲拉到一边，说："爸，你太贪了，赚了利息还要赚本钱，太过分了。"罗子厚眼珠子一瞪，恼羞成怒，骂道："你小子胳膊肘往外拐，怎么能替谢家说话！你这不孝的混蛋！"

谁也拗不过罗子厚，最后，只得按照他的意思，谢家还了一百银圆。经过这次争吵，罗子厚便从此不与谢家说话。

为了规劝为人刻薄、锱铢必较的父亲善良处世、安分持家，罗亦农在自家门口贴了一副对联："存得天良，蒙庆受福；放开眼界，创业成家。"

1916年，罗亦农满14岁，他考进了湘潭益智学校。由于他成绩优良，同学们都非常喜欢他，而且在同学中他还是个小有名气的"侦探"。有一天，一个同学丢了一条圆墨，这个同学便告诉老师。老师听了很吃惊，气愤地问大家："是谁拿了？"大家都不出声。老师拿起教鞭，不分青红皂白，每人打了两手板，罗亦农很不服气，把这件事记在心里。在这个学期快要结束时，他发现有个同学的行动总是鬼鬼祟祟，下课后，别的同学都出去玩儿，只有这位同学在教室不动，等教室没人的时候，将别人的墨锯了一节，抛在灰桶里。罗亦农在门缝里看得十分清楚，等这位同学走出教室后，他在灰桶里找到被锯断的墨收藏在书桌里。上课时，被锯墨的同学发现自己的墨不见了，便又向老师汇报，老师听了，十分气愤，怒吼道："这是学校，不是偷盗的场所，下一节课不交出来，我就要打一个'满堂红'。"下课后，罗亦农走到锯墨的同学面前，把他带出教室。在一个没人的地方，罗亦农对他说："你为何要拿别人的墨？""我没有啊。""我都看到了，你把别人的墨锯断，拿走长的一节，剩下短的丢在灰桶里，这没假吧。"那同学听了"哇"的一声哭了起来："我对不起老师，对不起同学，墨是我偷的，但我真不是有意的，我买不起墨，就连我的学费都是我家里人借钱来交的。"罗亦农说"你买不起墨，也不能偷人家的，俗话说:'小时偷针，大来偷金。'这个道理你应该知道吧。""我知道了，我以后再也不会了，求你别跟老师和同学们说。"罗亦农也很同情他，便帮他把墨重新接起来，放回了原处。隔天，罗亦农还买了一块新墨送给这位同学。

湘潭益智学校是美国人办的一所教会学校，课程以讲授英文和神学为主。罗亦农不愿听那些荒诞的神学课，也不做"礼拜"，更厌恶教会对学生活动的限制。当山东权利归于日本和五四北京学生爱国示威运动的消息传到湘潭后，罗亦农和一批进步青年积极发动和领导了湘潭学生运动，后作为学生代表去长沙与湖南学生联合会联络。在长沙，他积极参加了国货贩卖团等爱国运动，并在船山学社创设平民半日学校，深入市民进行爱国宣传。7月，湖南学生联合会被反动军警解散，上海学生联合会总会派来湖南联络的两名代表也在船山学社被暗杀。在经历了这一切后，罗亦农对军阀统治下的旧社会、旧制度愈发憎恨和不能忍受，再也不愿意回到那个沉闷压抑的教会学校去闭门读书，他于1917年毅然退学。1918年，回乡后的罗亦农数次跑到省城长沙，寻找求学的机会。当时军阀混战，湖南军阀张敬尧下令不准招收学生，也不拨给教育经费，许多学校办学困难。

离家求学追求新思想

（1918—1924）

→ 初到上海

★★★★★

1918 年底，受五四爱国运动思潮的影响，罗亦农向家里提出想去上海那样的通都大邑求学的要求，父亲不赞成，为了让他收心，于 1919 年春节为他完婚，但所有这些，都没有改变他外出求学的决心，在婚后不到四个月的一个夜晚，他悄悄地离开了家庭，奔向久已向往的上海。

罗亦农到上海后，先在一所中学念书。后来，由于父亲不肯寄钱接济，他不得不停学自寻生路，到法租界马斯南路吴兴里一家小报馆当校对工人。报馆里的自学条件较好，能看到不少书报杂志，他充分利

用这个有利条件，自习了不少有关政治、经济、哲学、自然等方面的知识；同时，通过《新青年》、《劳动界》等杂志，阅读了一些宣传马克思主义革命道理的文章。他很佩服陈独秀，认为陈独秀是一个了不起的人物，很想结识一下。但一个大主编怎么肯会见一个小报馆的校对工呢？只能去"闯一闯"他的家了。经多方打听，罗亦农得知了陈独秀的寓所。

1920 年，一个春光宜人的日子，罗亦农来到老渔阳里 2 号，小心翼翼地叩响了陈独秀的家门。陈独秀没有嗔怪这个不请自来的陌生小客人的唐突，而是热情地将罗亦农迎进家门。起初，罗亦农显得有些不自在，不过，他很快克制住自己的胆怯，轻松自然地和陈独秀交谈起来。陈独秀询问他是哪里人，过去做什么，到上海做什么，有什么打算。罗亦农

◁ 1920年上海工读互助团成立时部分团员合影。前排左一为罗亦农。

——做了回答。初次见面，陈独秀便喜欢上这位好学上进的湖南青年，临走的时候，陈独秀对罗亦农说："欢迎你今后经常到我家来。"不久。罗亦农便由陈独秀介绍，到商务印书馆当校对，并兼任《东方杂志》编辑。

此时的罗亦农还不是一个马克思主义者。他虽然向往社会主义，但对科学社会主义的真实含意，一时也还像"隔着纱窗看晓雾"，并"不十分清晰"。他虽然赞成社会主义的革命道路，但也受到工读互助主义的影响。1920年6月，他和袁笃实（达时）等四人发起组织沪滨工读互助团，幻想通过一面劳动，一面读书的工读互助，达到"融洽工学的界限"、"解除阶级"、"改造社会"的目的，并从此作为创造新社会的起点，"由工读团达到很大的新村，由新村达到大同的世界"。但是，在半殖民地半封建的旧中国，想通过工读互助去改造社会是办不到的。八个月后即1921年2月，沪滨工读互助团被迫宣告解散，解散宣言指出："资本制度不打破，工读互助团绝没有存在的余地，无力读书的青年绝没有自立求学的机会。"从此，罗亦农彻底抛弃了工读互助主义的影响，开始向马克思主义者转变。

1920年8月，上海共产主义小组为了培养干部，决定选送一批青年赴苏俄学习，在法租界霞飞路新渔阳里6号

办了一所"外国语学社"，学习俄语和有关无产阶级革命的基本知识，经陈独秀介绍，罗亦农也参加了这个学社。同月，中国社会主义青年团正式成立，他和刘少奇、任弼时等八名外国语学社的学员成为首批团员，并且被推举成为首届执行委员。

→ 回乡探亲

★★★★★

（19岁）

　　1921年春节，罗亦农从上海回到了家乡，这是他离家两年后唯一一次回家探亲，也是想借机会筹措一笔去莫斯科留学的路费。此时他的父亲因经商不善，已经破产了，但还是希望自己的儿子能到外国去"留洋"，认为这是"光宗耀祖"的好机会，便破例给了他一百银元；岳父也给了他五十块银元。有个叫罗海凡的远房叔叔，还把自己当长工积下的四担谷子钱给了他。他的邻居也是从小长大的好朋友谢魁看他这次回来，与以前有很大的不同，便问他这几年是怎么过的，罗亦农没有多说什么，只

△ 1921年，罗亦农、柯庆施、周伯棣在上海合影。

是告诉他"我们的社会不好，现在世界要变了，不同了"，"我要到俄国去找一条出路"。过了元宵节罗亦农带着筹措到的四百块银元离开了家乡，走之前，送给了谢魁一张半身照片和一本新出的魏帖，上面题了词："铲除恶势力。罗觉。"

→ 到苏俄去找一条出路

★★★★★

（19-22岁）

回到了上海的罗亦农于 5 月同刘少奇、任弼时等二十余人，分别化装成裁缝、理发匠等从上海出发，乘日本邮轮取道日本长崎到海参崴赴俄国留学。两个多月后，经过辗转奔波，终于到达莫斯科。不久后，进入东方劳动者共产主义大学（简称东方大学）学习，并起了个俄文名字布哈洛夫。东方大学由斯大林任校长，是一所培养干部的政治学校，校内专设了"中国班"，罗亦农是编入中国班的第一批学员之一。当时，他们的学习和生活非常艰苦，白天上课，晚上还要冒着严寒到街上去站

离家求学追求新思想

△ 莫斯科东方大学旧址

岗,星期天还要去做工。一些意志薄弱的青年,渐渐动摇起来,有的甚至想退学。罗亦农却始终充满信心,采取各种方式,做一些同学的思想工作,鼓励大家克服困难,努力学习。他严于责己、团结同志的思想作风,很快博得了同学们的信任,不久,大家便选他为中国班的负责人。这年冬天,东方大学中国班建立中共组织,罗亦农由团员转为党员,同时他还是刘少奇转党的介绍人之一。不久,中国班学生中的党、团员组织旅俄支部,罗亦农被推选为书记。

罗亦农原来的英文、俄文基础就比较好,来莫斯科后他又勤学苦练,很快就能听懂俄语讲课和阅读俄文书刊,并能经常帮助当时任助教兼翻译的瞿秋白等，解决在翻译某些哲学、社会科学术语方面遇到的困难。他住的房间，也变成了同学们共同解决俄文课文质疑的讨论场所。为了更深入地了解俄国社会主义革命的情况，1922年暑假期间，他邀集好几个同学一起去乌克兰农村，走访农民家庭，和农民一起劳动、生活，增添了不少新知识。年底，他拜访了来莫斯科出席共产国际四次代表大会的陈独秀等人；接着，代表们也来东方大学看望了中国学生，并主持召开中国共产党旅莫支部大会，会上罗亦农向代表们汇报了留学生的学习和生活等情况，和同学们一起倾听了代表们关于国内革命斗争形势的介绍，受到了很大的鼓舞。同时，瞿秋白在大会上也提议旅莫组的全部工作应通过青年团的工作来体现，旅莫组不直接出面。罗亦农表示完全同意，并补充指出："行为上自当以本组而影响于青年团，不应以青年团影响于本组。"他提议将全部支部划分为三个党小组，每月开一次批评会，以"互相监察"。

1923年，东方大学中国语言组成立，罗亦农被留任语言组书记，负责一批又一批来俄学习的中国同志的组织工作，并兼任翻译和在中国班讲授唯物论。在生活上，他对学员关怀备至，常把自己的工资拿出来给大家用。4月，罗

△ 1923年，任弼时（左一）与罗亦农（左二）等在莫斯科。

亦农在出席中共旅莫支部大会上作报告，指出：来俄的目的"是研究马克思主义，学习马克思的革命经验，训练自己成为很好的共产主义者"，回国后"代表无产阶级活动"，这些应严格训练，以达到回国后能担负起指导工作的责任；吸收新党员，应以"特别明了主义，确实接受训练，于行动上和日常生活中处处都合主义者"，才可吸收入党。会上还讨论通过了原加入法国、德国共产党的陈延年、熊雄等五人按中共党章转入中国共产党，至此，中共旅莫支部党员数从原有的十五人增加到二十三人。旅莫组原设书记一人，但鉴于党员人数增加，任务加重，经选举，以罗亦农、彭述之、赵世炎组成支部委员会，仍由罗亦农担任书记一职，并决定由罗亦农提出训练方面的详细条文。

经过一个月的反复修改，由罗亦农拟定的《旅莫党团训练具体方案》在5月7日的中共旅莫支部临时大会上获得了通过。训练方案规定：思想和研究方面，要养成革命的人生观，站稳阶级的观点，打破家庭、乡土、民族的观念，避免学院派式的研究，反对浪漫色彩；行动方面，要绝对反对无政府的倾向，绝对地维持团体在行动上的一致；个性方面，要集体化，包括团体化、群众化和批评与自我批评等，反对个人主义和私有财产的观念。罗亦农还建议，鉴于本支部党员已有了社会科学根底为研究之基础，对马克思主义理论学习今后须"专门注重一门"，研究内容包括唯物史观、经济学、工农运动史、各种社会主义派别、殖民地问题、无产阶级之艺术及青年、妇女、军事、宗教问题以及各国革命现状等十一个专题和苏俄、德意志等有关时事方面的专题，要求每个党员选择两个专题，将研究成果寄交国内发表。

9月，罗亦农受中共旅莫支部委派，接待以蒋介石为团长的孙逸仙博士代表团到苏俄考察。10月，在中共旅莫支部召开的欢迎北京大学教授陈启修到俄考察的欢迎会上，罗亦农发表致词，指出俄国现在虽还不是共产主义社会，然而它现存的一切理论完全是根据无产阶级的观点，与资产阶级的理论完全不同，实具研究的价值。11月，举行由德国经俄国回国的张申府等人的谈话会，罗亦农在讲话中指出：马克思主义不仅要从物质上解放无产阶级，而且要从精神上解放无产阶级。有人以为马克思学说只是要求物质的满足，这是错误的；共产党要有统一意志，否则不能应付环境，也无法对付敌人。同月14日，主持召开旅莫党团联席会，欢迎中共旅欧支部派来东方大学学习的第二批学员刘伯坚等二十人。由于长期紧张地学习和工作，罗亦农得了很严重的胃病，一度还曾经住院治疗，但他却仍顽强地带病坚持工作。

1924年1月，中国国民党第一次全国代表大会在广州召开，会上确定了联俄、联共、扶助农工的三大政策，消息传来，罗亦农主持召开了旅莫党团联席会议，讨论了共产党与国民党联合战线问题。罗亦农在会上指出：当前国民党已经改组，此时反对国民党的军事行动，与帝国主义妥协，与军阀妥协，我们都应当反对。强调共产党员加入国民党是为了督促国民党，淘汰腐败分子，吸收革命分子参加民族革命。目前中国国民革命的性质是资产阶级民主革命；共产党员加入国民党后，不可能使国民党发展成为民主革命的政党。因国共合作形成，国内急需干部，会议还决定按国内指示，在暑假后派罗亦农、彭述之、赵世炎等十八人回国工作。后经中共旅莫支部常委在与共产国际代表商议后，决定将回国人数减为十五人，而罗亦农在俄工作经验丰富，能力强，被暂时留在东方大学。

这年暑假，罗亦农和中国班的学员一起到莫斯科近郊五六十里外的一所别墅度假，并组织翻译布哈林的《共产主义 ABC》和其

△ 国民党第一次全国代表大会

他理论著作。在这里，罗亦农以旅俄中国共产党负责人的身份，会见了前来参加共产国际召开的国际运输工人大会的中国海员代表林伟民，详细地询问了国内省港海员罢工斗争的情况，并请他给中国班全体同志作了"实行罢工，与帝国主义和反动派进行斗争"的报告。在莫斯科，他还介绍林伟民加入了中国共产党，使林伟民成为广东海员中最早的党员之一，也是外洋船员中第一个入党的工人同志。

7月25日，中共旅莫支部第四期第一次大会选举罗亦农、王若飞、王一飞等三人组成新的执行委员会，罗亦农仍任书记一职；会议同时通过了向中共第四次全国代表大会提出的十项提案，决定派彭述之为代表参加党的"四大"。

10月25日，中共旅莫支部决定成立编辑委员会，负责整理学校功课、党的报告、翻译等工作，同时成立以罗亦农、李大钊、王一飞等五人的审查委员会、审查编辑委员会的一切工作。30日，李大钊作了题为《中国的事变和本团的训练》的报告；罗亦农就国内形势作了报告。罗亦农在报告中分析了当前爆发的直系与反直系战争的性质，提出应采取的态度，即联合国民党，组织群众；号召反对消极、不活动，整天手拿书的不良倾向，指示大家要做到：（一）确立革命的人生观；（二）注意政治；（三）注意语言技术；（四）积

△ 王若飞　　　　　　　　△ 王一飞

极活动。

12月1日，中共旅莫支部召开第八次大会，讨论傅烈等四个候补党员转正和接收叶希夷（叶挺）等六个新党员的问题。会上，罗亦农作了《留莫服务及回国同志的准备问题》的报告，对新党员提出了希望和要求，指出参加共产党"不是来享福的，乃是要来受苦的"。他宣布执委会关于成立有关中国共产党策略问题、党的组织问题、国际状况、苏俄状况、职工运动五个研究会及其负责人的决定，罗亦农担任中国共产党策略问题研究会主任。强调研究工作要注重现实，现时要特别注重列宁主义与马克思主义对具体事实的分析和处置。他形象地把中国共产党比作一部整个的机器，共产党员是整个机器之一部分，机器之运用灵敏全看我们担负的工作如何。指出我们不但要担负民主革命的任务，而且要担起社会革命的重任，号召大家永远为无产阶级的利益不懈地奋斗。

不久后，繁重的工作严重影响了罗亦农的健康，他经常头痛、吐血、疲乏，不得不于中旬到乡下养病四天。12 月 27 日，陈独秀在《向导》第八十五期上发表了《国民党的一个根本问题》，提出国民党应该停止军事行动，放弃广州政府，以做政治宣传和民众组织工作的唯一任务。同日，罗亦农代表中共旅莫支部写信给中共中央，严厉批评陈独秀的上述主张，认为陈独秀"把无产阶级在国民革命中的力量看得太低，把资产阶级的力量看得太高"，因此"忽略"了无产阶级的领导地位，是一个"根本错误"，同时提出当前党的政策应该是："赞成中山利用帝国主义一切矛盾和军阀的冲突，去在民众中发扬国民革命运动和做拿到政权的准备"，并应"不断地努力攻击右派的错误，从这个行动的斗争中形成左派势力"，使广州政府"渐渐地落在左派手中"。

将马克思主义应用于中国

（1925）

→ 学成回国

（23 岁）

1925 年初，北大教授陈启修在莫斯科东大方学期间要求入党，旅莫支部召开第九次大会讨论此问题，大会上有的人提出陈启修入党应先辞去北大教授为条件，罗亦农指出：北大是中国最高学府，能插足进去是很好的，"革命不单是实际运动，理论也十分重要"。针对一些同志中存在的轻视知识分子的倾向他作了一个关于知识阶级在革命进行中的作用的报告，指明中国的国民革命只有无产阶级才能领导，但不能只靠无产阶级，要利用现实的政治来决定战略，不能采取清高的政策。

不久后，陈独秀写信给中共旅莫支部，信中说：根据国内形势的发展，"急需得力同志能负责指导独当一面者"回国工作。经与共产国际研究决定，再从旅莫人员中选调一些同志分三批回国工作，罗亦农、王若飞被定为第一批回国的人员。1月18日，中共旅莫支部第十次大会上选举出王一飞为书记的新的执行委员会。3月，中共旅莫支部传达了中共中央调罗亦农等人回国的来信，罗亦农表示坚决服从中央决定。他说：共产党员是以革命为职业的，共产党人是武装暴动的一个总机关，共产党的组织好似一盘机器，用各个分子的能力来工作。现在莫斯科东方大学恰是修理机械的工厂，把所有的部件都来重新洗刷，因此，将来中国的生产必赖这架机器，现在这部机器渐渐在往中国输送了。中共旅莫团第十三期第十九组会议对罗亦农在莫斯科的表现作出了如下鉴定："对团体极忠实，一切言论行动都能布尔什维克化，研究理论很切实，能应用在事实上，最近更能积极活动。"

→ 参加全国第二次劳动大会

★★★★★

（23 岁）

3 月 12 日下午，罗亦农等人从莫斯科动身回国，经达伊尔库次克、赤塔，最后到达海参崴。在海参崴罗亦农一行人听取了中共海参崴小组梁柏台、何今亮（汪寿华）汇报海参崴中国工人运动的情况，针对此地的情况，他写信给旅莫党团支部执行委员会，建议利用苏俄政权势力，组织海参崴的中国工人运动，以为"内地工人运动的国外声援"。同时他还表明回国后应采取的态度，首先就是要适应党的秘密工作的特点；其次要注意同国内同志的工作相配合；第三要求同志们回国后对于各种工作不要乱加评论。

4月中旬，经过一路奔波，罗亦农到达上海，不久后，他被中央派赴广州参加全国第二次劳动大会的筹备工作。全国第二次劳动大会期间，为了及时报道大会的情况，扩大大会成果，罗亦农接连写了几篇通讯。在《今年五一广州的两大盛举》一文中，他详细介绍了会议的盛况，高度评价了这次"十万以上工农兵大示威和空前未有的工农代表联席会议"。他写道："工农兵三种被压迫的群众，同在一起向帝国主义、军阀、资本家游行示威，不仅在中国革命运动史上有更大深远的历史意义，而且是中国目前革命运行积极爆发的表征和中国被压迫的劳苦群众谋达到自己完全解放，实行大团结的征兆。"而"工农联合是革命成功和维持革命胜利的保障"，要完成中国的反帝反封建革命，"非有不与帝国主义妥协的工农阶级来担负不可"。在《中国第二次全国劳动大会之始末》一文，他还阐述了"工人阶级要斩断自己锁链从现在制度之下完全解放出来"，而"工人阶级要想推翻现存的社会制度，就必须找他的同盟者"，进行"工农联合"。

全国第二次劳动大会结束后，罗亦农留在广州，任中央驻粤临时委员会委员，主持粤区的党校工作。在此前后，

将马克思主义
应用于中国

他针对当时的斗争实际，写了许多文章，他在
《今年五一之国际状况》的文章中，深入剖析
了帝国主义虚假的本质，和它们内部饱含着
的日益加剧的深刻矛盾，指出了帝国主义走向
灭亡的必然性，展望了无产阶级革命潮流日
益高涨的光明前途。在《五一纪念与农民》一
文中，首先阐明了无产阶级于革命运动中应站
在领导地位之后，继而写道："农民，尤其是
贫苦的农民，所受的压迫比一切人都大。天灾、
兵灾之外，还要加上政府的各种各样的杂税，

地主的重租，债主的重利盘剥，劣绅的强索敲诈等等"，而这些，"无一不是帝国主义者阻碍中国经济不能顺利发展的结果"。"中国农民要从重重压迫之下解放出来，第一步责任就是打倒制造内战的帝国主义和他们的走狗军阀，以谋得民族的独立"。而要达到这一目的，"就只有很亲切地与最革命的无产阶级联合起来，站在无产阶级的指挥之下，以扑灭他们共同的敌人"。

　　5月30日，盘踞在广州的滇、桂军阀头目要杨希闵、刘震寰利用革命军东征陈炯明，广州城内兵力空虚的时机，阴谋发动叛乱，一时间，广州城气氛紧张，局势严重。罗亦农、陈延年等驻粤临时委员会委员们多次开会，研究当前形势和斗争策略，作出了"动员民众，督促国民政府肃清叛军"的决定。罗亦农通过深入的调查研究，写出了《形势严重下之广州政府》的文章，以大量的事实，揭露了汪精卫、胡汉民等对叛军的调和妥协态度，强调"反动军阀不肃清，革命政府不能整顿吏治，从事各种建设"。为了组织青年工人、学生参加宣传发动群众的工作，并以武力对付以杨、刘为首的叛乱，共青团广东区委成立了临时政治宣传委员会，于5月31日举行了第一次会议。罗亦农作了题为"当前政局形势及我们应采取的态度"的报告，建议共青团立

将马克思主义
应用于中国

即下一个全体动员令，使每个同志受一次实际的政治训练；可以公开用共青团名义组织大规模演讲活动；还可以用公开的群众团体如"新学生社"、"青工自治会"及"一中"的"青年学生社"等名义，发表宣言通电，造成浓厚的气氛，代表人民提出具体要求。这些建议，都在会上被通过。

6月2日，周恩来、罗亦农等广东区委成员组织召开声援五卅运动大会，罗亦农作为代表对到会的数千人进行演讲，"影响颇佳"。在紧接着的省港大罢工中，他还亲自起草了一些言简意明、通俗易懂的传单，深刻揭露帝国主义者、资本家剥削压迫工人的残酷手段，启发工人群众的阶级觉悟。大罢工开始不久，广东工人代表大会所属的金属工业工会与机械工会因为矛盾发生冲突，互相指责，工人与工人之间互不理睬，有的工厂甚至出现了一部分工人罢工，一部分工人还在上工的现象。为了解决这一问题，他深入到金属工业会，对工人讲："你们都是工人阶级，都一样受到资本家的压迫和剥削，因此你们同机械工会中广大工人应该是兄弟，兄弟之间有口角难免，但遇到困难时，应该相互扶持，而不是互相拆台。如果你们互相之间斗气，那得利的就只会是资本家，对你们一点好处都没有"，罗亦农的劝说，缓和了双方工人之间的矛盾，加强了他们之间的谅解和团结，使得参加罢工的人数日益增多。不久后，香港工人也成批地回到广州，短短几天就激增到二十多万人，这么多的人的吃穿住行，很快就成了问题，有的工人找不到住的地方，只能拖家带口地露宿在街边，为了解决这一问题，罗亦农带着人来到西壕口（现人民路南端）一排尚未启用的新楼房里，找到这排楼的主人，晓以大义，陈述利害，征用了那排房屋，解决了许多罢工工人的住宿问题。他还多次组织团员、学生和青年积极分子到罢工工人中去做工作，办了工人子弟学校，教他们读书、认字，学习先进的思想。

8月，国民党左派领袖廖仲恺被刺杀，罗亦农为揭露他被刺杀的真相，在《向导》第一三〇期上发表了《廖仲恺遇刺前后的广州政府》一文，分析了廖仲恺"是被国民党右派、反革命军阀、官僚政客和帝国主义者、香港政府刺死的"，同时强调，廖先生的死把中国革命推向了紧急时期，革命派若不趁此机会肃清反革命派，必将会有第二次更凶险的事变发生；广州的问题不是共产与反共的问题，而是革命与不革命的问题，而是帝国主义消灭中国的国民革命运动的大阴谋；国民党右派总是反革命的，右派不根本肃清，国民党就不能肩负引导中国国民革命的群众实行国民革命的任务。这篇文章发表后，在当时曾引起强烈的反响。

将马克思主义
应用于中国

→ 党校工作培养人才

★★★★★

（23 岁）

10月，罗亦农代表中共广东区委出席在京召开的中共中央扩大会议。会后，应李大钊的要求，中共中央决定罗亦农留京主持北方区委党校工作。党校设在鼓楼大街路西的一条偏僻胡同里，为保证安全，对外挂牌"北京职业实习学校"。罗亦农和李大钊等人共同拟定了课程和教学计划，罗亦农亲自讲授了政治经济学、历史唯物主义、世界革命史等课程，并把他在莫斯科学到的马克思主义思想教给一批批的学员。这期党校，虽然只办了三个月，但收效却很大，为全国，特别是北方地区，培养了一批得力的干部。他的理论水平和杰出的组织才能，也给人们留下了深刻的印象。

上海暴动的创造者

（1925—1927）

→ 重返上海主持工作

★★★★★

（23-24岁）

党校工作结束后，罗亦农于 1925 年 12 月来到上海，任党的江浙区委书记。

1926 年初，罗亦农与诸友伦结婚，诸友伦是东南体育学校学生，上海学联代表，年底他们的儿子罗西北出生，后诸友伦赴莫斯科学习时意外牺牲。

1926 年的上海，正处在五卅运动失败后的低潮中，工人和学生的革命热情不高而且白色恐怖也很严重。罗亦农到达上海后针对这种环境，决定从加强党的建设和骨干的培养入手，恢复革命运动，要求各级党部要克服只能作"报纸上的宣传"

▷ 罗亦农夫妇

的缺点，使"革命的思想普遍深入于广大的群众"。1926年2月16日，在区委会议上讨论并决定了加强党的建设和骨干培养的各种措施：举办高级党校和低级学校，由罗亦农、尹宽（硕夫，后为托派）任教授。会后，罗亦农又马不停蹄地到各个支部检查指导实际工作，对工作中出现的问题给予指导，经过一段时间的整顿，各部委普遍反映："整顿已有相当效果"，"情形很好,（同志）都很坚决"，"支（部）干（事）会已有效力，很有作用"。

此时上海引翔港纱厂工人因不满厂主的长期压迫而罢工，区委有的同志对前一段时间因整顿出现的好形势产生自满，认为应该组织更大的罢工，但罗亦农仔细地分析了当前形势，认为目前的压迫更甚，工人群众的革命意志消沉，罢工难以持久，为了保存实力，应该由工会联系厂主，为工人争取最大的利益，以便早日开工。同时要拟定长治久安的秘密工作计划和办法，预备以后做更大的市民运动。

3月10日，上海各革命团体举行孙中山逝世周年纪念市民大会，罗亦农等共产党员本想与国民党市党部接洽一起组织活动以扩大影响，但国民党右派却致函警厅"攻击共产党"，区委当机立断，单独举办纪念大会，以罗亦农为秘密指挥，到会八万余人，而国民党右派的纪念大会却只有八千余人。会后，他又及时总结了此次活动的经验教训，强调"上海现为中外合作的法西斯，我们如组织不好，如不采取武装争斗形势，即要失败"。对此，应"特别注意，绝不可模糊"，各部委要组织工人自卫团，以便对抗国民党右派和军警。

3月12日，日本军舰为掩护奉军进攻天津，对驻防大沽口的冯玉祥国民军进行炮轰，遭到抵抗。日本败退后于16日，以国民军破坏《辛丑条约》为借口，要求国民军撤离大沽口，停止反日行动。同日，北京各革命团体在天安门召开国民大会，会后，组织代表赴国务院请愿，遭到当时执政的段祺瑞执政府卫队的包围屠杀，死伤三百余人。消息传到上海，罗亦农马上意识到，如果北京运动失败，那么上海就会是反动派下一个进攻的目标，必须尽快根据中央的命令成立援助京案委员会，组织学生开展演讲，尽一切努力支援北方的斗争。4月鉴于北方政局动荡，国军退守，上海的白色恐怖更加严重，很多参加演讲的学生都反映行动被监视，演讲时被恐吓，为了避免更大的冲突出现，罗亦农等区委同志讨论通过了加强秘密工作的十八项措施，决定设立检查机关，同时根据会议关于"改变负责任人的姓名"的规定，罗亦农开始在党内使用"林子谷"的化名。同时他还指出："过去我们只关注全国的政治，却对我们身边的局势未加留意，以后一定要改变这种情况，要注意地方各方面琐碎的政治问题"，"我们要不被反动派打倒，在地方上建筑起深厚的基础"，要深入调查各地人民详细状况，困难之处，给予援助。

罗亦农在工作中还发现上海区委的组织太不健全，书记"包办一切太忙"，这样的组织结构很危险，一旦书记出现意外，很多工作都要停滞，针对这一情况，他要求各部委书记积极培养本地人才，健全组织分工。对于国民党的问题，他也有自己独特的见解，他认为不应盲目地反对，而应加以利用，"应与国民党及国民军重要人物发生关系，过去是中央包办政治接洽，以后上海区委主席团应学会独立"，同时自告奋勇做"探路"人。

4月26日，出席中央上海区委联席会议，中心就是讨论上海区委提出的八项工运策略。在讨论联合战线的成员中是否应该包括工头、帮口时，出现了不同意见。有人认为："工头和职员甚至高级工人都靠不住"，不应联合；应"提出打倒帮口的口号，使工人离开帮口而入工会"，"否则，将被反动派利用来破坏我们群众"。但罗亦农却认为对这些人应区别对待，不应一竿子打翻一船人，对那些有开除、处罚工人之权的工头当然不应联合，但对管理权力小、利益与工人相同不过稍高点的工头"确应联合，尤其在外国厂中可用民族革命意义去联络他"免得他们"与资本家联合"；"打倒帮口是长期而艰巨的工作"，我们并不提倡他们的政策，但要"夺取其群众"。同时明确自卫团归属于工会，应由党指挥，自卫团为工会最重要的工作。5月中旬，到沪后一直没有机会好好休息的罗亦农终于坚持不住病倒了，病中的他只休息了两天就又跑去工作。

21日，正值上海各革命团体筹备五卅运动纪念活动期间，淞沪戒严司令兼警察厅长严春阳发布布告，称"本年五月三十日，无论何种团体，不得集会游行，倘敢违抗，定即拿案严办，决不姑宽"。针对这一情况，罗亦农建议上海各界革命团体应各自发表宣言，因"恐当天发生大祸，不致连累"，同时"绝对不愿扩大风潮"，"主张和平进行表示"。此时有人提议是不是应该积极地扩大运动，说：目前政局虽然是反动的，但民众革命性仍然很好，不应以一部分人有反动倾向就消极而不做大运动。罗亦农反驳了他的这种提议，指出：上海现在确实需要蓬勃的运动，一是对帝国主义示威，二是可唤醒民众革命情绪。当前我们的实力还未充实，如果牺牲太大，必定失掉群众，破坏联合战线。所以我们只是做和平的热烈表示，既要"大规模做"，又要"提出和平口号"，"以小冲突为限"。根据避免流血的方针，罗亦农具体地提出了活动方法：演讲的队伍以三到五人为一小队，分布到城市的各处进行演讲，如果遇到巡捕和平地阻止就继续演讲，若是强硬地干涉就离开，换一个地方接着演讲，当一个小队被干涉时，其他的小队不要一拥而上，只需要自己讲自己的，以免因人多手杂，发生不必要的误会而造成流血事件。30日，纪念五卅运动周年大会在上海公共体育场如期举行，到会群众三万五千余人，由于组织有力，此次活动没有造成人员方面的任何伤亡，取得了前所未有的成功。在6月2日的区委全体会议上，罗亦农作了《五卅运动的经过及今后我们的工作》的报告，指出：五卅周年纪念活动后，上海已到了"很积极的时期"，现在的上海环境需要小暴动，使群众革命化，制定市民运动政纲，把全市市民动员起来，反抗帝国主义和资产阶级，发展和整顿各级党组织。8日的区主席团会议上，他又补充：过去"注重市民运动"的提法太笼统，应改为"注重商人运动"，并建议将沪商协会多吸收一些老板，使协会成为中小商人与店员的混合组织。

在组织上海各方面活动的同时，罗亦农还关注着广州的情况，在区委会上作了《广州现状》的报告，指出：广州反革命势力很大，5月15日国民党中央执行委员会通过了"整理党务案"，这件事"是三月二十日继续发展的结果"，使"右派可重回国民党抢回党部"。

截至6月上旬，上海全市发生罢工四十次，参加人数在三万以上，其中经济斗争占十分之六，而罢工结果，大半都获胜利，这与罗亦农和上海区委的正确领导是分不开的。此外，罗亦农还经常到上海总工会及下属工会、上海大学、上海学联等单位演讲，为这

△ 武装起义总部上海总工会

些单位的党、团员解决思想问题与工作中遇到的困难。例如，商务印书馆的工人在第二次罢工胜利后，曾产生自满情绪，有的人甚至提出不参加政治斗争的口号。罗亦农听陈云汇报了这一情况后，几次到那里召集党、团员和工会骨干会议，做细致的思想工作，反复给他们讲述：一个单位罢工的胜利，除了自身的努力外，还必须有其他行业的工人弟兄的紧密配合和支持。帮助他们弄懂自身的利益是建筑在整个阶级利益的基础之上，以及没有政治上的胜利，没有工人阶级和劳苦大众政治地位上的彻底解放，经济上的胜利也就无法巩固的道理。通过耐心细致的思想教育，商务印书馆党支部的斗争性大大增强，后来，他们还派出人员到闸北烟厂、丝织厂和一些商店去开展工作。

6月24日小沙渡日棉四厂工人因工头无故开除工人停工，与来镇压的巡捕发生冲突，工人放火烧厂，事后，厂主宣布停工关厂，工人被捕者十四人。罗亦农听到消息后认为形势严峻，"如果不能维持过去，小沙渡方面工会党部各工作都要瓦解，严重的将会影响整个上海"，所以他立即召开区委会讨论解决问题的方法，会议决定派赵世炎去就地指挥并切实调查，同时对小沙渡的工人不受工会党部指挥，自由行动的情况给予严厉批评，并要求今后凡是党员必须听党的指挥，工会会员必受工会指挥，不可私自行动。

27日，上海总工会被查封。罗亦农、赵世炎认为，只空喊启封是不够的，要作怠工的准备。但鉴于形势，决定先和平启封，经过几天发传单、开会、派代表请愿等斗争，均无结果，工人情绪消沉。这时罗亦农再一次提出怠工的想法，他认为：如果我们不好好表示反抗，则当局进一步的压迫一定会马上就来，到那时我们就更处于被动的位置，无法抵抗，因此应该进行总工同盟怠工；但这次的怠工是"消极的"，"只是表示"。

7月，国民革命军在广州誓师北伐，罗亦农、赵世炎等人认为上海工人现在又到了一个新的时期，他们的总观念"在要动，如不动，必尤发展希望"，因此"对于上海总的政策要动一下，即准备反攻"。此时，党内负责国民党市党部工作的沈雁冰由于生病无法正常工作，经过区委主席会议研究，决定由罗亦农兼任国民党市党部党团书记一段时间。11日，在中共上海区委国民党扩大党团会议上他指出：怎样使上海革命运动从原始成为有组织，单单靠共产党组织是不够的，单有工人阶级也要孤立，这就涉及到国民党的问题。国民党是各阶级联合争斗的团体，现在上海市国民党党部只有桌子、房子，没有工作，没有群众基础，没有政治觉悟。共产党要领导民族革命，就必须对市党部进行整顿。规定今后国民党市党部的工作直属区委；健全国民党市、区党部常务委员会；扩大与国民党内左派的密切联合，和他们共同地应付中派，而公开地反对右派。

此时上海区委个别部委的党、团在实际工作中发生了一些纠纷，罗亦农将他们召集在一起，向他们论述了党团的关系：党要"领导人民夺取政权"，团是党的"预备队"，绝对受党的指挥，同时保持独立性。团的工作主要是青年文化工作，但同时也要顾及地方政治及工会等运动。强调"在我们这样历史短而经验少的党团，一定要集中力量去做"，并进一步制定出了今后党团工作的具体措施。

7月23日，经过赵世炎的坚决斗争、往返磋商，停工一个月之久的小沙渡内外棉厂同意工人复工，并同意不得无故开除工人，殴打、拘捕工人，借洋五元等三项条件。但仅三天后，该厂厂主便散发传单，否认三项条件，坚持要开除领导罢工的 19 名工人，后又接着开除工人 71 人。上海区委临时召开主席团会议，讨论小沙渡内外棉厂总同盟罢工问题。会上，汪寿华认为，为避免失败，必须有一个自卫运动——总罢工，否则所有工人领袖将都被开除，负责

人将不能在工人区立足。罗亦农认为，现在的外部形势很复杂，上海的政治情形更是不好，如果罢工，一定会受到反动派的全面镇压，不如再忍耐一段时间，等到8月份纱价再贵一点的时候再动。经表决，大多数人也不同意此时开展罢工。

8月3日，罗亦农主持区委主席团会议，传达了中共中央关于对孙传芳的策略，即"在政治上反孙"。决定在沪区无论是宣传上，还是行动上均采取反对态度。罗亦农指示，在行动上主要是指军事行动，要通过国民党浙江、江苏省党部联络反孙力量，并在国民党市党部组织军委，调查孙军的状况及其弱点，加紧攻击孙传芳，使长江下游不能成统一的局面，而为许多小军阀分割的局面。

1926 年 8 月，中共江浙区委根据中央军委的指示，组织了上海军事委员会，直接领导工人武装起义的准备工作。军委会制定了妥善的方案，以基层工会为单位，落实工人纠察队的组织建设，指派一批有政治觉悟又有一定枪械知识的同志，或已经打进保卫团的同志为教官，选择有条件的地方设点，秘密进行武装训练。当时复兴中路华冠里就有这样一个训练点。参加训练的人员，主要是法商电车电灯自来水公司（简称法电）的工人纠察队员。罗亦农和赵世炎等曾经深入到这个点上指导活动。

在加强和扩大工人纠察队，实行武装训练的同时，罗亦农还注意做好各界人士的统战工作。当时，能够左右商界局势的总商会，在帝国主义和军阀的控制下，与上海总工会、学联等组织唱对台戏。有些地方，就曾出现过商人、店员与张贴传单的学生发生冲突的事件。罗亦农认为，总商会的基本群众是好的，它的上层人物中也有不少是爱国的分子，必须把这股力量争取过来，团结在反帝、反军阀的战线上，去反对我们共同的敌人。有的同志认为，只要工人阶级组织起来了，联合不联合商界无关大局；也有的同志认为要联合商界，关键是要把上海几个大老板拉过来。罗亦农针对上述错误看法指出：上海是个工商业城市，店铺林立，能不能把势力雄厚的商界拉过来，不是无关大局，而是极为重要。他认为，联合商界，应当着眼于它的基本群众，关键是店员和小商贩，这些人数量很多，是受压迫的，是劳动群众的一部分；还有一些天天在受气受压的中、小老板，他们对军阀、对帝国主义怀有强烈的不满。至于那些大老板，资金雄厚，权势大，是难于和我们同心的，能不能争取，要看情况。更要发动店员，中、小商人，从内部给他们施加压力。他的这些分析，使大家统一了认识，因而使商界总联合会建立起来以后，搞得非常活跃，达到了团结商界与基本群众的目的。

→ 两次失败的武装起义

★★★★★

（24-25 岁）

8月17日，僵持半个月之久的小沙渡内外棉厂无故开除工人的事件依然没有进展，棉厂的群众多次要求罢工，虽然罗亦农认为此时发动罢工的条件还不成熟，但为了维持群众对上海总工会及党部的信仰，同时也为了打击敌人的嚣张气焰，经过区委会研究决定：以内外棉东四厂为起点，举行总罢工。罢工开始后，罗亦农深入到小沙渡、浦东的纱厂了解工人情况，建议把浦东日华纱厂的罢工与小沙渡罢工联系起来，"以扩大影响"。

8月下旬，北伐军在两湖战场上接连

△ 北伐军攻下武昌后，各界群众集会，欢迎北伐军进城。

取得了胜利，孙传芳派去援助吴佩孚军阀集团的兵力已达到十万人，对此行为沪区军委决定进一步加强反对孙传芳的工作。鉴于时局将发生大变动，区委决定筹备"九七"《辛丑条约》的纪念日活动，"为最近政治运动的预备"。罗亦农指出：上海是帝国主义侵略中国的经济大本营，《辛丑条约》为帝国主义压迫中国最厉害的工具，要在"九七"召集市民大会，等待北伐军打下武汉，上海就可以有大的行动。

9月初，罗亦农等人得到"北伐军已占领武昌、汉阳"的误传消息，向区委主席团会议提出两项建议：一是根据中共中央不主张向长江下游发展北伐军势力，使长江下游形成各军阀分头独立局面的策略，"全沪工作应赶快提出人民自治的口号"，建立广大的联合战线，"从虞洽卿（上海总商会会长，上海大资产阶级主要代表人物）起一直到工人都去联合"，反对孙传芳；二是"上海非有一次民众暴动不可"，因此要特别注意军事工作，如打入警察及军队中去。这是上海工人武装起义最初的提议。同时会上还决定进一步扩大小沙渡的罢工，但同时也要努力进行调解；"九七"不但要召开市民大会，还要在会后举行大演讲，强调要"绝对避免流血和牺牲"。

9月7日，罗亦农在南京路指挥处指挥参加"九七"纪念市民大会，由于准备充分，此次纪念大会取得了很大的成功。同日晚上，罗亦农在区委会议上传达了陈独秀"对虞洽卿要注意"，"要更具体与他接洽组织人民政府"的指示，并针对这一情况，提出"暴动一定要有组织"，同时建议罢工要从过去以纱厂工人为主，转为以交通工人为主，同时要注意电器工人；同时对全沪同志的工作做一次调整，使每个人都能够更有效地发挥他的才智。三天后，派去与虞洽卿接洽的汪寿华回来汇报说："虞的态度一直是暧昧的，即不积极也不消极。"罗亦农听完汇报后，认为资产阶级"本来就是缓性的"，现在武昌的形势不明朗，虞洽卿他们自然犹豫起来，"但我们无论如何，也要联络这派势力；同时也要进一步作军事上的准备"，并提出当前的活动纲领为：反孙、反英、自治。

鉴于在小沙渡罢工中支部没起到任何的作用，罗亦农建议应对内部进行整顿，减少没有必要的活动经费；对内部进行一次调动，把有能力的人放在合适的位置上，不符合要求的人要坚决地清理出队伍，不能因为某个人而影响整个部委；减少部委经费及生活费，

▷ 虞洽卿

提倡艰苦卓绝的精神。经过这次的内部整顿，整个区委的工作有了大的进展。在此期间，罗亦农先后作了《全国及上海政治形势及我们的态度》、《关于最近全国政治情形与党的发展的报告》，指出：北伐军攻克武汉，对上海的影响很大，从前反赤的空气已变为欢迎国民党，上海资产阶级也飘着浓厚的反孙空气，要联络资产阶级在上海做市民自治运动；区委应组织军事委员会，做离散孙传芳军心及扰乱后方的工作，如果孙传芳失败了，则上海资产阶级就可起而夺取政权；将来上海可能要造成一个原始暴动的运动，我们要参加，因此党内必须进行内部大革命，才能适应形势的需要。

9月20日，根据陈独秀的指示，成立了以罗亦农为主任的区委市民运动委员会。罗亦农在会上作了《目前军事形势与政治任务》的报告，提出：北伐军如果在江西取得了胜利，就是上海市民的大好机会，我们应该行动起来，夺取上海的政权，建立上海市民政府，脱离孙传芳的势力；建立市民政府应该从以下两个方面作好准备：一是组织市民协会，二是要提倡市民会议。会议还具体研究了如何与上海各马路商界联合会、沪商协会、各大学同志会等组织建立联合战线，共同组织市民协会的问题，并就各自的工作做了详细分工。

23日，在区委的临时会议上，罗亦农等人第一次提出农民问题："要特别做农运，且要出版报纸。"同时建议尽量减轻在纱厂工作的力量，集中力量做城市工人、交通工人的运动。会上重新对区委主席团的分工做了规定：罗亦农负责国民党及学生工作，赵世炎、汪寿华则注重交通工人工作。罗亦农在《全国政治斗争和重要的工作》的报告中指出：现在的上海，民众的革命潮流，已到了高涨的时候，今后的工作，一是要宣传北伐的胜利消息，提高革命情绪；二是要积极进行反英运动；三要深入市民和群众中，做市民运动。其中又以市民运动为重中之重，只有夺取市民群众，上海的共产党才能发展，才有力量。

10月5日，中共中央发表《为英国帝国主义屠杀万县同胞告民众书》，号召全国一切被压迫的民众，"用自己的力量使用一切方法"对付英帝国主义，"再形成气候更广大的反英的五卅运动，以民众的力量与英国实行经济绝交，根本铲除英国帝国主义在中国各地之经济命脉，同时一致拥护北伐军的胜利"。上海区委在罗亦农等的带领下积极开展抵制英货的活动，组织对英经济绝交委员会；并准备召开市民追悼大会，并停课、罢市、罢工一天，以实际行动声援万县。同时指出：过去历次的运动都是由我们包办的，使商界和商民害怕被共产党包围，而不与我们成立联合战线，这次对于万县惨案，无论是商界还是其他的各界人士反响都很激烈，但由于北伐军迟迟不见胜利，仍然不愿积极地与我们联合行动，对此，我们要坚定革命的领导地位，无论他们怎么样，都要尽最大的努力与他们联络，争取能够一起行动，加大影响。

由于蒋介石兵败，上海的市民运动受到了很大的影响，大资产阶级的领袖虞洽卿也沉寂了下来，犹豫不定，对此罗亦农也鲜明地提出了应对之策，他说："在现在这种情势下，任何不理智的行为都可能使我们辛苦建立的一切暴动准备被破坏掉，我们现在要做的就是不要急，要缓和，避免造成孤军作战的牺牲，为以后的暴动保存有生力量。""对于资产阶级的消沉，那是他们的本性，我们能做的就是积极地推动他们，但也不能完全依赖他们，必须要在已有的市民运动中积极发展我们的人，这也是很重要的。"

为了加强区委的建设，为未来的革命战斗培训更多有用的人才，罗亦农根据中央的指示，选派周湘、秦邦宪（即博古）等三十人去莫斯科中山大学学习。临行前的欢送会，罗亦农勉励他们到莫斯科后要努力学习，学好列宁主义，回国后做革命的主力工作，又把他在莫斯科学习生活期间的经验传授给他们，希望他们能够成为合格的革命战士。

10月10日，两湖战场的北伐军攻克了武昌城，全面取得两湖战场的胜利，同日，福建战场的北伐军占领永定。消息传来，10日晚，区委决定准备暴动，并向中央汇报了有关暴动的决定，得到了中央同意。次日，罗亦农主持区委主席团会议，传达了中央关于准备暴动的决定，提出：以区委主席团为军事委员会，准备军事行动；同时，要与虞洽卿取得联系，但恐怕虞洽卿此时不会有积极的革命的行动，我们要极力地推动他参加到暴动中来。会后，罗亦农着手开始调查敌情并做起义队伍的组织和训练工作。

15日，浙江省省长夏超宣布浙江省自立。罗亦农马上召开了临时区委会议，汇报了这一情况："浙江省变动已经开始，上海的政局最近几天也必会有所变动，从目前得到的情况分析，虞洽卿等资产阶级已经渐渐露出了使浙江联合奉军的姿态，而我们要做的是要促成浙与国民政府联合，反浙联奉"，但"无论夏超是联奉还是联国民政府，我党领导的各团体都要按下述口号发表宣言：和平，上海划为中立区，永不驻兵，上海市民自治，组织上海市民自治政府"。

17日，罗亦农又召开了南京、苏州、宁波、无锡等外埠党的负责人参加的会议，并在会上作了《关于目前政局改变中的工作方针》报告，再次重申了目前江浙区的工作方针：那就是无论北伐军还是其他军队到江苏、上海，我们都要尽量利用机会发展民众力量，抓住广大群众。要利用这次机会，使广大的江浙民众认识共产党，认识我党是为人民大众利益服务的政党，把群众调动起来。特别强调了江浙区最重大的责任是农民运动，要把各地的农民组织起来作为上海工人的同盟军。同日，他又得到了浙江省长夏超正式接受国民革命军第十八军军长一职，再次召开区委临时主席团会议，提出：现在夏超已表明联合国民政府的态度，而我们目前最重要的是以下三个问题：一是市政府组织问题；二是暴动问题；三是自己准备问题。关于市政府组织问题，与国民党负责联系的汪寿华表示：国民党不造成地方自治，主张"国民党出面"或是"由上海和平维持会掌握政权"，而资产阶级的代表虞洽卿等表示要由他们组织和平维持会，提出"商占多数，工学少数"，"只求集会结社言论自由"的主张。罗亦农针对上述两种观点提出：不能由国民党出来号召，"名称上要用上海市民和平维持会，进一步实现市民会议"；市民和平维持会，"工人一定要参加"。会上决定暴动的秘密指挥为罗亦农，公开总指挥李震瀛。从这次会议开始，区委进入了上海工人第一次武装起义的具体准备阶段。

会后，罗亦农同区委同志研究后发出了《上海自治市的运动计划》作为上海工人第一次武装起义的纲领性文件。《计划》规定：暴动的目的是"实现一个相当意义的资产阶级式自治市政府"，"在这样的政权之下，我们所希望得到的，只有工会组织事实上的存在，一般市民集会、结社、言论、出版、罢工的自由以及反抗租界帝国主义之根据地这三件事。如果能得到这三件事，已经值得我们参加此次运动"。《计划》还强调：对资产阶级要"推动"他们"一步一步向前进"，而不是机械地跟着他们走，抛弃真正为市民利益和民族争斗这个根本的独立政纲。

罗亦农对参加活动的分子所作的起义报告指出：由于北伐军势力的进一步挺进，使一部分大中资产阶级从依附军阀转而依附北伐军，这在革命中有极大的意义，但"资产阶级一时的'左'倾，总是带投机的性质，这是资产阶级的本来面目"，现在"我们要充分表现民众力量，发动他们做武装运动，工人作为主力，同时要促成资产阶级也加入进来"，他们利用我们的帮助以取得他们的政治地位，我们也可以利用他们的号召来发展我们的势力，"如果武装运动成功，政权可以交给保安委员会，工人可以不参加，让他们组成商人政府，民众也可得到好的发展机会"。

20日，上海区委发表了《告上海市民书》，号召"市民武装起来"，"驱逐孙传芳的驻防军"，"组织委员制的市民政府"。三天后，区委得到错误的消息，以为九江已攻破，于是决定当晚，即23日晚12时以海军开炮为信号，举行起义。

10月24日早上3点，上海工人举行第一次武装起义，参加起义的有中共领导下的二百余人和国民党钮永建领导下的百余人，而资产阶级的代表虞洽卿等在起义爆发时，都"不干了"，由于起义信号未能发出且敌人早有戒备，除南市外，其他的各区都没有行动起来。起义最终以失败告终。下午4点，在讨论暴动的善后工作及继续问题时，罗亦农指出："此次暴动失败最根本的错误是我们没有看清暴动的中心，一开始以虞洽卿为中心，后又以国民党钮永建为中心。但这一次的行动，使我们更清楚地认识到资产阶级毫无力量，他们终究是不能做革命的主力的，如果以后再以他们为中心，必将导致革命的失败，我们将会一无所有。今后我们应该以自己为主体中心，去推动他们。对于国民党，他们也是不可靠的，只是买空卖空的投机分子。"同时他还指示了今后的工作方针，一是继续进行上海的自治运动，二是研究军事问题，规定军事工作以后由区委直接领导，并要求每区组织 20 人进行军事训练。

在紧接着召开的区委会议上，罗亦农除了要求各区依旧要加强军事训练班外，还要对党的工作，区、部委进行改选，要完全民主化，他说："干部队伍没有别的力量，只有组织力量，真正的革命职业家最重要的是切实地做工作，我们不但要武装自己，还要准备总同盟罢工，要做到，一旦有利形势出现，二十四个小时内能实行总同盟罢工。"

之后，他又同国民党的钮永建会谈，钮永建认为如果北伐军能够打下九江，那么暴动还有可能胜利，但这可能会很难，也需要很多时间。6 日，针对如果九江攻下后上海的暴动问题，罗亦农等区委成员进行了详细的讨论，最后决定："我们要在这次的运动中处主导地位"，但是否进行暴动，还是要看中央对长江下游的总策略，我们要作好一切的准备。关于指挥的问题又一次进行了详细的分工：罗亦农负责军事，赵世炎负责党的工作，李震瀛负责工会方面，汪寿华负责外交部分，由罗亦农负责总体工作。为了争取国民党的力量，罗亦农再次同钮永建进行会谈，此次，钮永建对进行暴动的态度"要比从前坚定"，但仍坚持要从广东调数百人来到上海作为主力。

7日晚上的区委会议上，陈独秀听取了罗亦农对区委最近工作的汇报后，对他说："对于长江下游，我们现在主张已有所变化，可以适应地发展，如果北伐军到了江苏，那么上海就可以做独立运动。过去我们没有自信力量，这次我们要不客气地以工人为事实上的暴动领导者，去领导国民党和资产阶级起来革命。管理政权可以落到资产阶级手里，资产阶级的政府，无产阶级不能参加，只可以监督。"

11月8日，北伐军攻克南昌，江西战役胜利结束，由此打开了北伐军向长江下游进军的大门。鉴于北伐的大好形势，中共中央在和共产国际远东局讨论后，作出《对于目前时局的几个重要问题》的决定，"抛弃和平解决孙传芳的政策而为前进政策"，决定"北伐军肃清江西后仍应前进，至于前进到浙江、安徽为止，抑直到江苏，则应视北伐军的实力及奉军南下的迟速而定"。针对中央的决定和7日晚会议上陈独秀的讲话，罗亦农对上海自治运动做了最新的指示："上海这次运动不应与北伐军相离太远，只有在北伐军到达安庆、杭州一带时，才能发动。"区委有的同志却认为"如果此时不举行暴动，怕群众气焰会有所下落，到时不好开展工作"。对这一点，罗亦农解释道："暴动要有客观环境的可能，主观力量的准备，且要与社会各阶级发生关系，不能只凭一时感情而无组织暴动。客观环境上如果北伐军不南下，国民党的钮永建军和资产阶级及军队如果阵前倒戈，我们无法应对，只能白白牺牲。主体的准备上，现在虽然有一部分群众已经参加进来，但还不普遍。所以现在我们要做的就是继续宣传民众的工作，维持原有的宣传力量，不要只凭主观冲动。如果北伐军东下，则组织暴动；如不东下，则做和平的自治运动，保存实力。"他还强调："当前工作虽已经从特殊工作变为经常工作，但暴动的准备工作仍要继续，不能松懈。"根据中央的指示，对上海目前的主要工作进行了调整，"利用民众进一步反抗孙传芳"，强调江浙区农民运动的重要性，要特别的发展，要派广东农民运动讲习所学生去工作，区委要正式成立农民运动委员会，做减租运动，先办训练班，由尹宽组织。

11月23日，上海新成立的苏浙皖三省联合会通电表示：

苏浙皖三省划为民治区域，奉直鲁首领如对三省有军事行动，誓以民意抵抗。罗亦农主持区委会议时，提出召集市民大会，以反奉鲁军南下，拥护上海自治运动等政治口号进行演讲。全市共出动演讲队 207 队，共 1035 人参加，由于演讲很顺利，罗亦农决定召开"上海市民自治运动"市民大会。但区委对是否应该召开市民大会产生了意见分歧。有人担心如果召开市民大会，会不会与军警发生冲突，造成牺牲，还有人担心到会人数太少，不成气候。罗亦农对这些人的担心给予了有力的回答："我们要对自己以往的工作成绩有信心，我相信只要我们努力，到会的群众一万人应该是没有问题的；至于担心与军警发生冲突，从今天的演讲情况来看，形势还是不错的，警察并没有多管，不过为了避免这种情况出现，可以将会议的名称改为反奉鲁军南下，即使会议遭到警察驱散，也没有什么不良影响。"他的意见得到了赵世炎等大批同志的支持，最后决定大会指挥以区委为主体，公开总指挥李震瀛、薛祥生、余泽鸿。28 日，上海五万群众集合，反对奉鲁军南下，人数之多远超过了罗亦农他们的预计。当晚，遭查封五个月之久的上海总工会自动启封。当日在召开党团临时会议上，罗亦农对此次大会的成绩给予了高度评价，他说："市民大会市民情绪很高，我们应该马上采取更积极更具体的政策，成为真正的民众运动的领导者。现在长江下游军官反对奉鲁军南下，浙江有可能实现独立。在这种情势下，我们一是要尽量向群众宣传，召开上海市民自治的市民大会；二是要积极准备启封学联、学总和上总；三是要积极恢复工商学联合会。"在会后，他又约见了国民党的钮永建，建议他促成江浙军队的独立，并就自治的问题与钮交换意见，对于江浙军队的独立，钮表示赞成，对于自治的问题，钮的态度也有所转变，从"怀疑"到"积极"。

12月3日，北伐军收复福建福州，周荫人率残部逃入浙境。同日，上海总工会、各马路商界总联合会、全国学生总会、上海学生联合会等团体代表集会，决定将工商学联合会改名为上海特别市市民公会，以实现上海自治为宗旨。与此同时国民党右派为扩大力量，大量拉非党员右派入党，准备在第三次改选时驱逐共产党，夺取市党部和学联的领导权。罗亦农对此的解决办法是："现右派想夺取国民党市党部，我们就要拉拢中立派，把右派想夺取国民党市党部的证据找出来，加以公开打击，同时要多介绍左派的知识分子和商人加入国民党。"次日，罗亦农公布了上海自治运动的三步骤：一、在市民大会上宣布脱离孙传芳的统治，实行自治，组织特别委员会，接收上海市政；二、召开第二次市民大会，推选委员，正式组织市政府；三、庆祝市民政府成立，宣布废除苛捐杂税、集会结社自由等。但当日的市民大会由于反动当局的阻挠没有开成，上海总工会再一次被查封了。

12月6日，上海市民公会成立，为加强对市民公会工作的领导，罗亦农决定成立市民公会党团，以林钧为书记。市民公会党团的主要工作就是协助各阶级与市民公会的完美团结，各方面团结起来拥护提高它的地位，由市民公会号召市民大会，组织市政府。

此时以蒋介石为代表的国民党右派又开始蠢蠢欲动，妄图将共产党员代表驱逐出国民党。罗亦农对国民党的这种行为给予了严厉的批评，指责他们不顾国家人民的利益，只想自己的小利，忘了国家的大义，并在区委会上说道："现在上海各方面工作都有了很大的起色，全国的局势也很乐观，我们也要有新的计划来扩大我们组织的力量。"并传达了中央对国民党的策略："上海的共产党要扶助左派力量，帮助他们加强建设，打好基础；对于右派要极力阻止，揭破右派反动的面目。"

因为前一段时间的工作取得了一定的成绩，区委党团部的一些同志出现了骄傲自满情绪，认为革命就要胜利了，放松了对自己的要求，罗亦农对此提出了自己的看法："我们不要把军事成功当做革命胜利，现在的民众运动是赶不上军事运动的发展的，革命愈胜利，则我们共产党必定会愈困难，到时的情况恐怕会比军阀的压迫还要严重。共产党的唯一出路，就是要发动更多的群众，只有得到他们的支持才能有力量去抵御。"他同时还指出："蒋介石禁止工人武装自卫，广东工会代表会被解散，他的野心已经越来越明显，那就是推翻共产党。如果蒋介石来到上海，我们必将受到国民党压迫，如果想减少这种压迫，就全仗共产党能否左右一切群众的力量，同时我们更要积极建立党的基础，克服现在出现的这种骄傲自满情绪，作好准备，迎接胜利后国民党的压迫。"

12月18日，罗亦农在区委活动分子大会上作了《最近政治党务的概况及今后上海工作进行之方针》的报告。报告指出："中国革命运动目前虽然有很大的发展，但也埋藏着许多危机：一是资产阶级想借助工人的力量，达到他政治上的成功，又忧虑工人势力的蓬勃发展，将对他们不利，结果会破坏整个的革命；二是革命力量还只是集中在城市方面，没有普及于乡村，使一大部分的统治者，与地主、劣绅土豪勾结起来压迫工农；三是在革命胜利时期，国民党左派会发生右倾危险；四是军事力量之发展远超过于民众运动之力量，蒋介石的权力实际上已超越了一切党部政府权力之上，形成与贪官污吏、土豪劣绅相勾结的新军阀，成为工农更大的敌人；五是共产党还未能成为广大民众运动的坚实的核心。上述情况预示着：我们在革命胜利中，共产党在民主革命快要完结的时候，立即要开始坐国民党的牢狱了。因此，必须赶快发展群众组织，取得领导广大群众的地位，才能减轻我们受压迫的程度。"

年底，浙江的局势发生变化，孙传芳声称浙系联军辖境，不容自治，派军队进入杭州。由于孙传芳的势力在浙江得到暂时的巩固，浙江已经不可能进行自治，只能以军事行动来解决，为了上海的工作安全，罗亦农指示上海的各机关、负责人都要特别秘密；开会时尽量分两批人进行，这样人员少、安全性高，万一出现问题，也不至于被敌人一网打尽，并提出当前运动的口号："民众武装起来! 消灭孙传芳! 抗租抗税！"

1927 年，国民革命军决定对河南吴佩孚部暂取守势，对江、浙、皖的孙传芳部取攻势，同时决定将北伐军分为东、中、西三路，东路军以何应钦为总指挥，由闽、赣入浙，进取沪、宁。

这年元旦，罗亦农在两次召开的部委书记会议上作了《政治与党务现状》的报告，指出：帝国主义现收买了许多右派和反革命派；国民党名义上要与我们合作，但分子复杂。只有共产党能负领导中国革命的责任，是中国革命的主力。要各级党组织"真能领导一切人民做政治奋斗"，使支部"真能在群众中做核心"。他对赵世炎等区委同志说："浙江是蒋介石的老巢，现在又有这么多的国民党右派回到浙江，很明显是要发展右派的势力，为蒋介石来上海作好准备，上海的局势已经开始严重了，为了避免帝国主义干涉，我们现在只能继续做自治政府运动，加紧实行总同盟罢工、罢市、罢课，如孙传芳战败马上就动起来。"会后，他又去了宁波检查工作，多次召开各种委员会及大会，对宁波的工作给予指导，提出召集市民大会、废除一切苛捐杂税、打倒土豪劣绅、增加工资二成等口号，以召开县民会议作为总目标。

1月8日，上海特别市市民公会被封，苏浙皖三省联合会主要领导人物被孙传芳通缉，分散各处，上海的报纸也受到取缔。

国民党上海党员代表大会举行，改选上海市党部，由于罗亦农等先期做的工作，新选出的国民党市党部中，共产党员和左派占了绝对优势，罗亦农在出席国民党党团负责人会议时再次强调今后要特别培养左派，同时指出："中国革命对外为民族独立，这是全民众的事；对内要推翻封建势力，这也是要全民革命，因此，要有一个好的全民联合战线。这是共产党的根本策略。目前帝国主义已感到用威吓不能阻挡南方的胜利，他们的策略已开始改变，改为用软化手段，帮助右派，分裂革命势力，从根本上破坏联合战线。现北伐军虽然获得了小的胜利，但乡村封建势力却毫无动摇；贪官污吏还是很多，以至国民政府非常右倾；蒋介石更是其中的领导人物，而资产阶级也很怀疑共产党，想渐渐脱离工农群众，这对我们党来说是很危险的。我们的责任就是要以民众的力量使国民政府领袖向左倾。"

为纪念列宁逝世三周年，区委决定举行列宁纪念周，罗亦农作了《最近政治状况》的报告。他在报告中又一次提出：上海为财源之地，蒋介石必不会放过。而且蒋现在的反共情绪非常厉害，只不过是因为他要与张作霖开战，不敢马上对付共产党，但这种结果是不可避免的，所以我们一方面要宣传帮助北伐军，一方面要组织民众。如果把民众组织好，那就会是我们共产党最坚强的后盾，蒋介石就是想要对付我们，我们也有办法对抗。

　　罗亦农在20日的区委国民党党团扩大会议上传达了中共中央的会议精神：全国现在的总局势为内应外合的反赤局面，帝国主义和军阀表示可以承认国民政府，但要以稳健派得势为条件；国民政府内部除少数人外，反对共产党、反对苏俄的空气非常浓厚，这样下去，革命的前途非常危险，结果只有投降帝国主义。上海要提出"反对稳健派"的口号，同时要特别扶助左派的组织，具体措施：组织上，大力发展左派组织，铲除右派；宣传上，给左派以理论，帮他们办刊物，办训练班；政治上，集中力量反英，同时巩固自己的政治地位。

　　罗亦农对目前的局势也有很清醒的认识，他说，"上海及江浙两省的未来政治局面非常危险，上海本有国民党右派、反动的知识分子和资产阶级，如北伐军不胜利，则赤的联合战线还不至于破裂；如果胜利了，他们必将与反动军队勾结起来反对共产党，赤的联合战线也就不存在了，那时我们的党局势将会很危险"，"胜利后上海一定会成为右派军队的集中地"。对此，罗亦农的对策是，加紧宣传工作：宣传当前的危机和中国的希望，要指出工人在革命中的地位和中共的策略和地位"由无产阶级实行领导的国民革命成功"，前途将"造成从资本主义过渡到非资本主义（社会主义）之政治环境"，特别是"如果无产阶级不能在实际上领导国民革命，则资产阶级必将领导我们断送国民革命"。

2月2日，北伐军占领金华。9日，罗亦农向陈独秀汇报上海区委改选问题，并根据陈独秀的提议，选举出区委正式委员十三人、候补委员七人，主席团四人。罗亦农任政治及农民问题委员会主任同时兼任提案委员会委员，在他提出的政治报告提纲中指出：为了对抗蒋介石对共产党的压迫，我们应联络左派资产阶级和知识分子，拉住小资产阶级群众，积极发展工农运动。

2月中旬，中共上海区委召开第一次党代表大会。罗亦农参加大会并作了《江浙两省的政治经济状况和今后工作方针》和农运报告。罗亦农指出：上海已经到了"历史上的严重时期，即反革命向右衰落与革命向左发展时期，共产党应当领导江浙两省的工农阶级，特别是上海的工农阶级，争得革命的领导地位，努力于工农与小资产阶级的民主独裁制及工人与被压迫的民主独裁制的政治口号的实现"。对于罗亦农所提出的政治决议案要点，中共中央局的代表、陈独秀右倾错误的骨干彭述之认为：对买办官僚阶级不要太看死，因为买办阶级自身的过程就是渐渐脱离帝国主义，到革命高潮时，中国的官僚买办资产阶级也有倾向革命的可能，因此，我们不应以名词上的关系而打倒它，而是要加以利用，联合那些小资产阶级同他们一起进行革命。罗亦农一直非常重视农民运动，在此次会上他所作的农运报告也清楚地指出了这一点，他认为：如果只有工人运动，农民运动不发达，党在江浙两省必难发展与尽责。今后的工作在政治上要建立乡村农民政权，组织上要巩固扩大农民组织，成立省、县、区、乡的农民协会，开展减租、反对苛捐杂税等斗争。

16日，罗亦农主持了刚刚改选后的上海区委第一次全体会议，会议推选罗亦农为区委书记，和赵世炎、汪寿华、尹宽组成主席团，罗亦农同时兼任农民运动委员会主任。对于当前形势下上海的工作，他也做了明确的指示：一是决定上海"要进行一次以工人为主的武装暴动"，从现在开始要准备罢工、武装技术和联合战线等问题；二是加强上海附近农民运动的工作，并在民众特别是在工人群众中进行反蒋宣传。

2月18日，上海总工会召开全市工人代表大会，到会代表五百余人。会议期间，得到北伐军已占领嘉兴的错误消息，便决议于19日举行全市总同盟罢工。但这件事无论是中共中央还是上海区委都不知道。

19日，上海总工会发布总同盟罢工令，"令到之时，即刻行动，全体工人总罢工"。次日，反孙传芳的罢工人数激增到二十七万多人，得到消息的孙传芳派大刀队捕杀罢工工人和学生，死伤和被捕者在百人以上。21日，罢工人数增到三十五万人，同时各区的工人开始与军警发生局部战斗。由于没有正确的领导、详细的组织，罢工人群一片混乱，各自行事，不能有效地发挥作用。此时，中共中央经商计后决定既然罢工已经发生，就利用此机会进行暴动，由海军首先开炮，工人到海军舰上去拿武器后暴动。罗亦农接到中央的通知后，迅速下发区委《特别通讯》一号令，指出目前"唯一的重大责任就是指导上海市民及工人阶级创造民主的革命的市政府"，要"发动商人罢市，组织革命委员会，扩大罢工""积极准备广大工人的群众的市民暴动"。

22日中午，上海市民临时革命委员会正式成立，委员有汪寿华（上海总工会代表）、罗亦农（中国共产党代表）、钮永建、杨杏佛、虞洽卿、王晓籁、章郁庵、王承伟、刘荣简、周孝公、张曙时共计11人，这个委员会"即为未来上海市政府"。下午，区委发出《特别紧急通告》，命令"今晚6时，全上海动员暴动"。5时，因为三百人的敢死队没有组成，临时撤销了动员令，但命令没有及时地通知到下面，造成当晚海军两舰向陆上开炮二十余响，却由于没有工人的配合而失败。此次行动，群众牺牲很多，情绪低落，商人没有按计划罢市，部分工人也开始复工，为避免孤立，中共中央、上海区委联合会议决定：立即停止暴动，由上海总工会发布复工令，同时扩大武装组织，准备新的暴动。同时决定组织中央特别委员会作为领导新起义的最高指挥机关，特别委员会由周恩来、陈独秀、罗亦农等八人组成，周恩来任特别军委书记。

面对两次武装起义失败的现实，如何看待工人掌握武装的重要性这一问题，在党内引起了一场争论。有的人认为，在目前这种军事技术条件下，要想在帝国主义者和反动军阀统治的军事政治中心取得武装起义的成功，是不可能的。还有的人则以为北伐军已逼近上海，军阀政府垮台指日可待，举行武装起义似乎没有必要。两种意见，都是不赞成再搞工人武装起义。罗亦农极力反对这种机会主义的见解，他指出起义失败的主要原因，是由于专注意军事力量的发动，而未注意依靠广大群众的力量，第一、第二两次起义教训着我们，没有上海广大市民群众的参加，武装起义的胜利是不可能的，以后我们要加强这方面的运动，而且蒋介石骨子里是反动的，他现在同我们一起，但很有可能得到胜利后就反过来对付我们，所以我们一定要有自己的工人武装，不然，将来就有吃国民党子弹的危险。

第三次武装起义

（25 岁）

不久后，周恩来决定让罗亦农也参加特别军委。罗亦农向周恩来等同志汇报了暴动后上海各方面的情况，并提议：现在武装革命运动正在继续发展，下一步工作应"准备广大的革命的武装暴动，取得工人武装，响应北伐军，取得上海政权"，特别是要在工人中宣传这一思想。这一提议得到了周恩来等同志的一致同意。罗亦农还针对暴动后因为"白色恐怖非常厉害，很多工人甚至都找不到支部书记"的情况做出了指示：总同盟罢工失败的原因是因为政治宣传和武装准备没有做好，并号召上海全党同志"领导群众，在这时千万不要因为白色恐怖，而自己躲避起来脱离了群众，必须要不断地与群众接触，不断地以响亮的口号授与群众，领导群众奋斗！"上次的复工是为了在北伐军到来之前的暴动作准备，如果北伐军到达上海附近，我们就要迅速举行群众夺取武装，设法夺取兵工厂；罢工时间暂定在 28 日，如北伐军不能按时到来，则停工一小时。

国民党对于武装暴动的态度一直在摇摆不定，钮永建认为"不要无谓牺牲"，主张争取李宝章投降。对于这一点罗亦农并不赞成，

△ 1927年3月上海工人第三次武装起义时的上海工人纠察队

他提出可以要李宝章的部下，但不要李宝章，同时告诉钮永建，工人方面已经作好了再次的罢工准备，六个小时内可实现，劝钮以非常手段建立不世之功。接着罗亦农又召集各部委书记和群众团体党团负责人会议，强调：现在上海处在孙传芳和张宗昌两大势力交替时，已是无政府状态，我们应当利用这个现状，到群众中去作政治宣传，组织民众，取得领导权，要做到一旦发出命令，六个小时内可举行罢工，举行民众的市民代表大会，"为将来工人的苏维埃作准备"，组织自卫团，准备夺取武装。

在接下来的日子里，罗亦农每天都忙着出席各种会议，联络各方面的人员，为第三次武装暴动作准备。

3月3日，他先是在部委书记会议上分析上海的形势，指出普通市民这几天已经流露出革命意识，小商人也愿意参加进来，工人因为资本家开除工人而要求单独罢工，所以上海的革命局势已成熟，现在的任务是积极准备武装暴动，总同盟罢工，商人罢商，只要松江或苏、常攻下，就要行动，总目标是市民会议。4日晚，罗亦农在出席特委会讨论罢工问题时，发言道："我们此次的罢工是为了暴动，不应该像前两次一样，罢了工就都回家去了。"会议决定由陈独秀以个人名义与国民党谈判，然后以上海区委的名义与他们开联席会议，经市民公会的选举后，致电武汉国民政府批准。罗亦农建议不如由他和汪寿华先去探探国民党的口风，再正式由陈独秀与他们谈。罗亦农找到钮永建、吴稚晖等会谈暴动和市民政府的问题。吴稚晖说道："我们有国民政府，为什么还要民选呢，应该以党治国不是吗？"罗亦农回答道："上海现在的局势是权力在军阀中交替，必定会出现无政府的状态，民选政府是为了保证上海的安定。"吴认为有理，不过他又认为："赞成市民政府，但人选应由国共两党协商，并且规定人选；至于暴动我们现在没有对象，只不过是徒然牺牲罢了。"罗亦农指出："罢工是为了欢迎北伐军，维护上海安定，防止抢劫，缴败兵的武器。"又经过一番讨论，钮、吴二人表示赞成总罢工。但罗亦农也从与两人的谈话中发现与国民党的争斗实际上已经开始了，一个是市民代表大会，一个是国民党市党部。在与国民党合作的同时，也必须要提防他们的阵前倒戈或胜利后的背信弃义。

5日晚，罗亦农在特委会议上提议了暴动的指挥问题，"指挥机关要统一，整个行动由特委指挥；中央及上海区委负责同志，每天两次在规定地点碰头，紧急时由周恩来、汪寿华等人负责"。他还向特委的同志汇报了与钮永建、吴稚晖会谈的情况，"蒋介石的阴谋很大，现在他要夺取南京，很快就会是上海，我们要赶快做民众工作，尽快成立市民政府"，会议上同时决定由罗亦农代表中共参加市民政府。

8日，召开群众团体党团会议，罗亦农在会上指出，北伐军这两天恐怕很难到上海。我们现在最重要的工作是民选市政府，这个工作现在已经不是简单的宣传问题，而是组织问题，应当拉住广大的工人和小资产阶级群众，取得党在政治上的地位。工人方面采取半公开形式，做经济改良运动。

9日，在区委国民党扩大党团会议上罗亦农再次强调："蒋介石、何应钦等到了上海，一定会联合大资产阶级、银行买办、流氓、政客等攻击共产党，今后，是工人与小资产阶级联合与买办右倾军事势力决斗，如果小资产阶级被右派拿去，我们就成孤军独战，趋于失败。因此，要绝对拿住国民党机关，对右派和新右派要绝对攻击，纠正他们'以党治国'的思想；要与资产阶级争夺对市民代表会议的领导权；培养左派。"对于市民会议将来是资产阶级的议会式的民主政治，还是工农及小资产阶级的民主独裁政权，全在我们此时工作的态度，市民代表会议中"工人要占二分之一以上"。

10日，在与国民党讨论市民代表会议问题时，国民党

△ 上海特别市临时市政府的全体成员合影。

代表提出"国民党上海市党部应处于监督地位，不应在市代会中有代表；如有代表，市党部就不能否决它的决议"，希望以此来抵制共产党在市民代表大会中的力量，罗亦农对此坚决予以反对，他说："市党部应有代表参加市代会，市代会的决议可在事先与市党部协商，而不是代表一个人说了算。"对此问题最终两方面也没有达到一致的看法。

12日，在区委临时市民代表会议党团会上，他指出：所谓市民会议，它不同于英美式的资产阶级议会和日本式的旧半封建半资产阶级议会，它以职业选举，不是按区域选举；行政与立法合一；代表与民众直接发生关系，不能脱离群众。同时指出国民党市党部与市政府的关系，是通过党团贯彻政治主张，而不是直接命令式的。同日，会议推举丁晓先、罗亦农等31人为临时执行委员，宣布受国民政府之节制，建设民选政府。

14日下午5时，出席市民代表会议第一次执行委员会，发表演说称共产党系代表一切被压迫民众的团体，并散发了中共上海区委《告市民书》。会议指出：委员会系代表各界人民之集合，与过去之议会性质要本不同；于军事紧急时，实行全市民总示威，并准备召集第二次市民代表会，筹备正式市政府。晚8时，他又来到区委同区委同志讨论江浙工作，罗亦农认为现在的江浙两省应该严密而有计划地积极发展民众运动，要扩大党的组织，提高党的威信。

17日，陈独秀在特委会议上提出：将来上海武力是蒋介石的，民众是共产党的，我们要有很大的群众来威吓武力，那样的话蒋介石有可能让步。根据陈独秀的讲话精神，罗亦农决定在区委举行共产党宣传周，公开宣传中国共产党的意义及历年来奋斗的经过，要求各工会无限制地发展党员，将来可以用党员大会来对付右倾军阀，解决最后难解决的问题。

18日至19日，北伐军迅速向上海推进，苏州附近之吴江被北伐军占领。直鲁军前敌总指挥毕庶澄向钮永建提出了投降的条件，但由于毕所提出的条件太高，投降难以实现。罗亦农提出，"毕庶澄还有几千兵，我们还没有能力抵御，如果在苏州、松江还没有攻下前就行动，危险很大，所以现在还不能下罢工的命令，但我们内部应该把罢工命令、口号及行动方法都准备好，一旦条件允许，就可以马上发动暴动"，现在已经到参加政权的时候，工人如无政治觉悟，就不能接收政权，没有政权，何能解放，则北伐等都成空虚。上海正处于新旧的交替朝代，上海就要有大的武装暴动，我们要是绝对的指导者。

20日，松江方面北伐军进攻据守三十号铁桥之毕庶澄军，并分兵向上海迫进。但鉴于北伐军前敌不急进，罗亦农和特委的同志认为此时还不是最好的暴动时机，应该再观察一下形势，避免前两次武装起义出现的问题。市民执行委员会召开了紧急会议，发出《告市民书》，号召各界市民"联合起来，响应北伐军，成立市民代表会议的政府，实行国民政府的最近政纲，保障民众切身的利益，收回民众固有的政权"，号召上海工人起来"领导一切被压迫群众，彻底消灭帝国主义军阀及一切反动派"，"誓以至诚拥护中国共产党"。

21日，北伐军攻克无锡、苏州、淞江。上海方面北伐军已进占上海郊区龙华。中共中央、上海区委得知此消息后，决定立即发动起义。由罗亦农代表区委发布了命令："今天正午 12 点，全市实行总同盟罢工，并同时举行武装起义"，"起义由周恩来担任总指挥，赵世炎任副总指挥，罗亦农负责联络和处理机关事务"。12 时，上海八十万工人开始了总同盟罢工，各路工人武装开始对敌警署和兵营进行猛烈袭击。下午，除毕庶澄巢穴所在地闸北区的战斗仍在紧张进行外，其他六个区的战斗已胜利结束。罗亦农当即调集了沪东、虹口、沪西三个区的工人武装驰援闸北。晚上，敌人狗急跳墙，在北站附近的居民区放起大火，企图趁火反扑。工人纠察队在周恩来等的指挥下，一方面救护遭火的群众，一方面加紧对敌人的袭击，罗亦农和秘书夏之栩（赵世炎夫人）也赶到闸北一个离前线不远的联络站，配合指挥战斗。当时，夏之栩看到熊熊大火着急起来，罗亦农却沉着地安慰她说："什么都不要怕，那里有群众，大火是可以扑灭的，最后胜利是属于我们的！"

从 21 日中午到 22 日黄昏，经过两天一夜的剧烈战斗，上海人民终于击败了敌军警武装，打垮了直鲁联军，占领了整个市区，取得了武装起义的伟大胜利。接着，中共江浙区委在南市体育场召开了声势浩大的庆祝大会。罗亦农

△ 上海各界在南市公共体育场举行市民大会，庆祝起义胜利。

在大会上宣布了市民政府成员的名单，并发表了鼓舞人心的演讲。他说道："现在的上海，再不是帝国主义、北洋军阀的上海，也不是无聊政客、右派们的上海，是我们自己的上海，是工人阶级的上海了！"他的演讲，博得了全场热烈的掌声和欢呼声。

武装起义胜利后，由于民族资产阶级的观望态度和陈独秀的严重干扰，上海市民政府并未发生实际作用。3月26日，蒋介石到达上海后，一面口口声声支持工人武装，敲锣打鼓地给总工会和工人纠察队送锦旗，高喊"共同奋斗"的口号；一面却在帝国主义的支持下，收买大批流氓打手，与工会对抗，向工人纠察队挑衅。对于国民党右派的阴谋，罗亦农早有察觉。他在区委会议上曾说过：蒋介石来上海是别有用心的，他这次将集中势力与共产党抗争。目前最重要的就是工人纠察队的问题。上海工人有武装，他们的政治地位与一切行动才有保障，如果工人武装被解除，则工人又将回到过去那种暗无天日的生活中。如果右派要来缴械，我们一定会以武装抵抗，不可以退让，即使失败了，全上海工人为全国革命而奋斗，也是很有意义的。4月初，在陈独秀的干扰下，共产国际向中共中央提出"要上海纠察队于必要时，可将枪支藏起，保存实力，以图再举"。罗亦农看到电报后，气愤地将电文摔到地上，他说："今日的纠察队，是上海八十万工友用鲜血换来的，此时让我们把武器暂时收藏起来，这和自杀有什么区别，现在国共的情势，是一触即发，我们虽然不愿看到流血，但也决不会退让和投降的！"他还对工人纠察队今后的任务做了明确的安排：一是"一致起来保护上海八十万之工友不受工贼的诱惑与军阀的蹂躏"；二是"现在上海不少反动分子，从中捣乱，工人纠察队必须一致起来，消灭一切反动派，保障中国革命"；三是"一致起来维护上海治安，为革命民众作模范，继续革命，协同各界，更加武装起来"。

4月11日，上海总工会委员长、江浙区委领导成员之一汪寿华，被蒋介石的帮凶、流氓头子杜月笙骗去，惨遭杀害。12日凌晨，蒋介石密令大批武装流氓在二十六军的掩护下，向总工会、工人纠察队总部驻地猛扑。纠察队员们在对武装流氓勇敢地进行抵抗后，被敌二十六军连骗带唬地缴了械。在同一时间里，南市、浦东等地的工人纠察队，也被军队包围收缴了武器。这一连串突然事变的发生，激起了罗亦农极大的愤慨。他与周恩来、赵世炎等商量对策，决定再次发动总同盟罢工，以抗议国民党新军阀的暴行。同时提出共产党的机关转入地下，坚持斗争，准备应付任何困难的局面。13日早，以总工会名义发布的总同盟罢工令传到了各基层工会，上海八十万工人群众，立即响应。中午12时，六万多工人群众在闸北青云路集合，并举行游行示威。游行队伍遭到由蒋介石布置的国民党二十六军二师的突然袭击，工人群众当场被打死打伤数百人，事后掩埋尸体时竟装满了七八辆卡车。上海笼罩在一片白色恐怖之中。为了保护群众，保存革命力量，4月14日，罗亦农等在北京路泥城附近的平桥旅社，召开上海各区委、各支部负责人紧急会议。会上，罗亦农代表区委分析了当时的形势，指出黑暗是暂时的，上海八十万工人是杀不完的，总有一天，人民会向蒋介石等国民党新军阀讨还血债。他鼓励大家要树立信心，坚持战斗。会议并对一些具体工作做了安排，将一部分"目标太大"的同志派赴农村工作，以保证他们的安全。

通过上海工人三次武装起义，罗亦农对中国革命基本问题的认识有了一个新的飞跃。

第一，关于领导权问题。一是强调要和资产阶级"争"。他指出：中国资产阶级"在革命势力高涨时，他们也表现一些革命"，但"并不能与帝国主义者及一切反对势力作最后的奋斗，他们将半途而废"，"以妥协的手段取得革命的利益"，同时，"他们害怕工人运动的崛起"。现在，资产阶级"要取得革命的领导地位，企图成为未来的统治者"，工人阶级"应当战胜两省的资产阶级，消灭资产阶级改良主义的影响"，"如此才能挽救江浙两省未来革命的危机"。二是指出共产党"完全取得领导的地位"，是"革命成功之保障"。它是"关系到共产党存亡的问题"，我们"丝毫不能退让"。

第二，总结了各阶级在上海工人起义中的表现，论述了他们在革命中的地位，强调"应当特别认识农民在革命中的伟大力量，农民如果没有广大的组织，工人阶级势将处于孤立，这是一最危险的事情"。提出了"党应当领导江浙两省工农阶级，特别是上海的工人阶级争得革命的领导地位，努力于工农与小资产阶级的民主独裁制及工人与被压迫市民的民主独裁"的总路线。

第三，强调建立工人阶级领导的民主政权的重要性。他认为："我们要领导工农小资产阶级直接争到政权，否则，民众拿不到政权，则北伐等都为空虚"，"共产党如没有政权，则不会自由的"。关于政权的性质，他指出："这个政权与资产阶级的社会制度完全相反，它是工人群众与小资产阶级的民主独裁制，实际以工人为主体，共产党去领导。"罗亦农称它为"国民革命的苏维埃"，它的前途，第一步是"上海工人阶级争得领导权"，同时"为将来工人的苏维埃准备"。

第四，关于武装斗争问题。过去罗亦农提出掌握武装主要是把武装掌握在国民党的左派手中，现在则强调共产党和工人阶级掌握武装的重要性。他指出：工人武装"自己解放的保障，上海工人有力武装，上海工人的政治地位与一切行动都有保障，同时共产党也跟随有力"。

罗亦农的上述论述和他领导上海工人三次起义的实践，无论是从理论上和实践上都为新民主主义革命基本理论的形成增添了新的内容和经验。

工农武装斗争的领导者

(1927—1928)

→ 组织秋收暴动

★★★★★

（25岁）

上海第三次武装起义后不久，罗亦农出席了中共第五次全国代表大会，在会上他严厉地批评了陈独秀放弃革命领导权、忽视农民土地问题等右倾错误，被选为中共中央委员。会后，因工作需要，他被调任中共江西省委书记。

1927年7月15日，以汪精卫为首的武汉国民党中央公开叛变革命，正式同共产党决裂，持续三年多的轰轰烈烈的大革命失败。蒋介石、汪精卫集团合流，在帝国主义、封建势力和买办资产阶级的支持下，建立由国民党新军阀专政的反革命政权，在"宁可枉杀千人，不使一人漏网"的反动口号下，对共产党人和革命人民进行了疯狂镇压，中国革命处于危急关头。就在汪精卫集团公开叛变革命的当天，中共中央委员罗亦农来到腥风血雨的武汉，接替张太雷担任湖北省委书记。

到达武汉的罗亦农迅速地深入码头、街道、工厂以及工人市区视察，了解武汉的革命情况，提出了《湖北行动大纲》，分析了武汉的形势，他指出，"通过武汉工人总同盟罢工和南昌起义后，武汉的国民政府已发生了严重动摇，但由于武汉的特殊环境与工人阶级组织力量还不够强大，所以我们党在武汉必须要有持久作战的准备，要继续不断地扰乱与动摇武汉政府的政权"，并针对此时武汉的形势，对党的工作做了安排：首先是响应南昌起义军，多作政治宣传，在行动上牵制武汉政府出兵江西；其次是准备第二次总同盟罢工；再是发展并扩大工人的经济罢工运动，同时一定要注意开展农民运动，"必须派大批同志到乡村中去工作"，进行抗捐抗税的斗争。

随后，罗亦农又根据中共中央下发的《湘鄂粤赣四省秋收暴动大纲》，与任旭拟定了湖北秋收起义计划，对暴动的目的，暴动时共产党的领导，暴动的直接指挥，暴动的主要力量，暴动的主要地区都作了详细的说明和安排。确定起义是"响应武汉工人罢工，拥护南昌叶贺独立及促进土地革命加速的发展"。

→ 参加八七会议

★★★★★

（25 岁）

1927 年 8 月 7 日，中国共产党在汉口三教街 41 号召开中央紧急会议，即八七会议。八七会议是中国共产党历史上的一次重要会议，是中国革命斗争由大革命失败到土地革命兴起的历史转折点。会议总结了大革命失败的教训：大革命的失败，客观上是帝国主义、封建主义的力量强大和国民党背叛革命，主观上则是中国共产党领导人陈独秀在大革命的后期犯了右倾机会主义错误。中国革命应该如何发展的问题摆在了中国共产党领导机关和每个共产党人的面前。会议的第一项议程：共产国际代表罗明纳兹作报告，并就《中共八七会议告全党党员书》草案的主要内容作了发言，会议主持人李维汉作了说明后，要求大家讨论发言。首先是中央候补委员毛泽东发言，他讲了四个问题：第一是共产党对国民革命问题，批评我们党没有做革命的主人；第二批评了陈独秀领导下的党中央反对解决农民土地问题的错误；第三批评了陈独秀不做军事工作，提出政权是由枪杆子取得的；第四指出今后在党的组织生活中要发扬民主。罗亦农是在毛泽东发言后第四个发言，罗亦农支持毛泽东的正确意见，发言的内容主要有三点：一是批评以陈独秀为首的中共中央领导对资产阶级、对国民党估量太高，共产党不是做革命的主人，而是革命的做客者；二是批评我们党不注意夺取政权的武装，革命半途而废，提出现在要用武装斗争反抗国民党反动派；三是批评共产国际派到中国指导革命的人员不懂得中国革命，说共产国际的决议是好的，派来的人不好，是共产国际要负责任的。毛泽东和罗亦农的发言在关于对陈独秀右倾机会主义错误的批评和要抓枪杆子，开展武装斗争两个问题上的思想基本相同，成为会议的主要思想。

工农武装斗争的
领导者

在此次大会中罗亦农被选为中共中央政治局委员。但因湖北工作的特殊性和重要性，大会提出"鄂省在此严重时期换书记是非常错误的"，"亦农离开鄂省委是不可能"，遂决定罗亦农仍任湖北省委书记，但"事实上仍可参加常委"工作。

会后，罗亦农在积极传达八七会议精神的同时，领导中共湖北省委坚决贯彻落实八七会议精神。

首先，根据八七会议关于更新和巩固自省委以下各级党部委员会之领导成分的精神，领导恢复和重建了湖北各级党的组织，发展大批革命坚定分子入党。大革命失败后，湖北各地党组织遭受严重破坏，在 1927 年 7 月中旬，武汉有八千多名共产党员，到 8 月 10 日 "减少至一千二百六十九人"。湖北农村各地共产党员遭到国民党反动派和土豪恶霸的残酷屠杀，全省共产党员由大革命高潮时期的一万七千多人，急剧减少到两千多人。为恢复和发展湖北各地党的组织和党员，以罗亦农为首的中共湖北省委将全省分为七个特别区，派了四百多共产党员到各特别区，领导建立党的特别委员会，恢复或者重新建立各县委和地方党的组织，大力发展革命坚定分子入党。仅两个月，就先后建立鄂东、鄂西、鄂南、鄂中、鄂北及沿京汉路特别委员会，加强了武昌市委的工作，并且相继恢复和建立了县委及区委等基层党的组织，发展了大批共产党员。罗亦农亲自到鄂南特委，召开各县负责同志的会议，做发展党员的工作，在很短的时间内，共产党员在"鄂南五县增加至二千二百人"。

第二，根据八七会议精神修订了湖北秋收暴动计划，部署了全省秋收暴动。八七会议后，以罗亦农为首的中共湖北省委根据八七会议精神，进一步修订和完善了湖北秋收起义计划。罗亦农请临时中央政治局负责同志瞿秋白、李维汉到自己的家里开会，共

△ 八七会议旧址内景

同布置了湖北秋收起义。8月底，罗亦农亲自到蒲圻，召开鄂南六县党的负责人会议，研究部署鄂南秋收起义。9月6日罗亦农再次到蒲圻，主持召开鄂南特别委员会和鄂南各县党组织及农民革命军负责人联席会议，决定将各地方农民革命军统一整编为鄂南农民革命军，由鄂南特别委员会统一指挥。9月8日，在以罗亦农为首的中共湖北省委直接部署下，鄂南地区首先举行秋收暴动，三百多农军在中伙铺火车站拦劫从武昌开往湖南的军用列车，缴获一批武器弹药和敌人军饷。次日，暴动武装破坏武汉到长沙的铁路一百多公里，有力地牵制了敌人的军事行动。同时，嘉鱼、通山、咸宁等县的农民在党的领导下，相继进行暴动，攻占县城、乡镇，处决反动分子。9月10日，鄂中地区的暴动开始。当晚，按照罗亦农为首的中共湖北省委的部署，鄂中特委和沔阳县委负责人肖人谷、邓赤中率领参加暴动的共产党员和农民武装攻占沔南戴家场（现属洪湖），消灭反动团防武装，打响了湘鄂西地区武装反抗国民党反动派的第一枪，接着鄂中地区的监利、石首、潜江、天门、汉川先后举行了暴动。鄂西地区的暴动是9月14日在当阳瓦仓开始的。当晚，瓦仓各乡同时暴动，抓住反动分子八十多个，将其中三十多名当场处决。中共鄂西特委领导江陵、公安两县农民暴动武装数千人攻克江陵重镇弥陀寺，消灭反动武装保商团，掀起鄂西地区暴动高潮，震惊湘鄂两省。当时汪精卫集团的机关报汉口《民国日报》报道：共产党"扰乱江、公、松、石四县"，"此等暴徒约万余，枪支大炮已达千余"，"刻弥陀寺已被占领，荆沙吃紧异常"。这些暴动，像一股红色风暴，席卷着整个鄂南地区。后来，暴动虽然被反动派残酷镇压下去了，但是，它却以公开的方式，第一次向当地农民展示出党的土地革命的旗帜，锻炼了党的干部和群众。紧接着，农民武装暴动的熊熊烈火，在湖北的各地蔓延起来，为以后鄂豫皖、湘鄂西等处的红色割据打下了基础。

领导长江局工作

（25岁）

由于两湖秋收起义的失败，使武汉的白色恐怖越来越严重，9月中旬，中共中央决定由武汉迁至上海。

23日，再出席中共中央临时政治局党委会时，罗亦农提出：现在除了广东以外，我们党要特别地关注两湖工作，其次是河南的工作，因为这几个省份是土地革命发展的地方。同时他还建议，如果中央迁到上海，应该成立一个长江局，统一地负责各省的指导工作。经过讨论，会议决定调罗亦农到中共中央任组织部长。

28日，在第二十一次中共中央政治局

党委会上通过了罗亦农提出的成立长江局的建议。但关于长江局的人选问题，会上却产生了分歧。共产国际的代表岳尔克不同意毛泽东加入长江局。对此，罗亦农、瞿秋白、李维汉等坚决反对，罗亦农说道："毛泽东同志在我党有自己的独立意见，能够清楚地认识中国革命的前途是无产阶级领导人民的胜利，而且他是一个能实干的同志，应该加入长江局。"会议最后决定由罗亦农、陈乔年、任旭、王一飞、毛泽东五人组成长江局。但由于毛泽东当时正领导湘赣秋收起义部队，创建井冈山革命根据地，因此，事实上未到任。此次会议上罗亦农还提出了设立军事特派员，训练军事人才，调查消息，为以后的武装起义活动作准备。

10月1日，中共长江局正式成立，罗亦农任书记，代行中央职权。罗亦农起草了《关于长江局的任务决议案》，规定长江局管辖范围为湖北、湖南、河南、江西、四川、安徽、陕西七省（随后又增加了甘肃）。它的任务：一是坚决地发展土地革命。在两湖普遍地发展游击战争，注意河南农民运动的发展，同时不能忽视安徽、四川、江西、陕西等地的农民运动；二是发展职工运动，主要是经济斗争，要建立秘密工会与工农革命政权的宣传工作；三是改造所属各级党部，特别注意党内干部的培养，从党员群众中提拔有能力的负责同志。

随后罗亦农主持了长江局的第三、第四次会议，针对河南和江西的工作给予了指导。对于河南的今后工作，罗亦农明确安排了三项：第一，使京汉、陇海路赶紧由索薪转到罢工；第二，农民暴动现在在河南还不能普遍地进行，应该选二三个区域为重点中心去做，而且要以游击战争为主，以二三人集合起来夺取敌人枪支，这是河南目前最需要的；第三，积极进行宣传工作，使广大的贫苦工农明白只有靠自己的力量去解放自己而不是依靠别人来拯救。对于江西的工作，罗亦农指出，目前江西要以农民运动为主，而农运之第一步即是暴动。由于秋收暴动没能成功，当前的任务就是招兵买马、进行宣传的工作，准备三省进行暴动。暴动占城后，要采取灵活政策，能守则守，不能守就远走。工人运动方面，要尽量恢复到过去的状况，多组织特别委员会。工会方面，要积极发展经济斗争，组织秘密工会。

根据中共中央的决定，罗亦农和王一飞来到长沙指导工作。罗亦农针对当前的实际情况，明确提出了进行"武装割据"，开展"游击战争"的工作方针。他说道："长江局所领导的各省，现在还不具备暴动的条件，已经开始的河南、两湖等地的暴动也应该暂时停止一下，以作准备。在准备的期间，以游击战争为主，主要是打土豪劣绅。"

10月末，罗亦农写信给安徽省委，信中分析了宁汉战争爆发后安徽的形势，指出："在这种新军阀互相间混战的形势下，现在不论唐系军阀未来是要放弃安徽或是全力争夺在安徽已经得到的优势，但敌人从此不能再保持固有的较稳定的经济势力，是毫无疑问的。"由于反动政权的巩固，"革命运动必要经过长期的艰苦奋斗，但敌人的内讧，对我们却是有利的，我们应该利用这个机会扩大我们的工作。要随着政治环境的改变而转变我们的工作策略，即由静而变为一个动的局面"，"要利用军队移动或开拔的机会及敌人政权动摇或空虚的地方领导农民，造成广大的农民群众的暴动局面，并继续发展农民的游击战争"。

不久后，唐生智军从安徽溃退，湖北省委得知这一消息后，决定向长江局提议"立即发展普遍的斗争及骚动，一直发展成为夺取武装政权的暴动，准备实现苏维埃政权"。此时长江局的部分同志也觉得时局起了变化，应该准备暴动。但罗亦农却不同意这种看法，他觉得"新军阀战争必将日益地扩大与发展，必然要动摇政权，推动革命高潮的到来，但敌人的势力没有可能马上崩溃，唐生智军虽然退出了安徽，但不见得马上就会放弃湖北，我们不应该轻视敌人的力量。而且湖北的党的力量还很薄弱，湖北党委在主观上对敌我双方的力量估计错误，含有冒险主义的倾向，如果马上暴动，只能是徒然的牺牲罢了，还会将湖北好不容易建立起来的党的工作毁于一旦"。随后，罗亦农在起草的《长江局最近政治决议案》中指出：目前的革命潮流，因"受了相当的打击暂时不能有总的暴动"，党在目前的"主要的责任"是"积极领导工农以及一般的劳苦群众反对新军阀战争，聚集与扩大工农群众的阶级力量，加紧一般的劳苦群众的政治宣传，加紧乡村中土地革命之发展，创造一新的革命高潮，准备夺取政权的总暴动，但目前绝非继续总的暴动时期"。

他还认为，党在当前的工作方针应当是：把工作中心转到农村，在农村展开游击战争，建立工农武装割据，其要点是：第一，党在"目前的最重要的工作"是"领导农民暴动"，党的"工作的中心区域"，即"农民暴动中心区域"；"主要的斗争方法"是"实行与扩大游击战争"，以"发展土地革命"；"如攻取某城镇，则需要实行割据以定工农革命的根据地"。第二，对于割据地区的选择，应依照"农民组织力量"和"敌人空虚的情形"而定，各省应依照上述条件，将全省"划成若干重要区域，动员大批党和团的同志前往指导，占据县城或据数县以为各地土地革命发展的重镇"。在时机上，要利用新军阀混战，"造成广大的农民群众的暴动局面，并积极发展农民的游击战争，发展更广大的农民武装暴动区域"，尤其对"湘赣两省交界的农民运动更须特别注意"，并认为长江局应"组织特别委员会专门指导"这一带的工作。第三，只有在"各农民暴动较大的区域，建立群众组织的新形势的政权机关"，使暴动发展到割据局面，并"普及全省"，如此之后，"才能举行夺取政权的总暴动"，如果"忽略了农村的农民割据的局面之发展"，则"于将来的总暴动之爆发是很有妨碍的"。在当时的时代和实践条件下，还不可能认识到中国革命必须走农村包围城市，最后夺取政权的道路。但是长江局把农村工作提到战略地位，在全党第一次明确地提出了建立以工农革命为主要内容，武装斗争为主要形式，有政权、有根据地的"割据"，初步论述了割据得以存在的条件，指出只有割据普及于全省的情况下才能举行总暴动。无疑，这些思想是极为光辉的，对党从第一次国内战争的正规战，向游击战争的转变，以及全党对中国革命新的道路的探索，作出了杰出的贡献。

11月2日，中共中央根据工作需要决定取消长江局，同时调罗亦农到中央工作。同日，罗亦农主持召开了最后一次长江局会议，会上他总结了两湖暴动失败的原因，再次强调现在是要朝着暴动走，作好准备，但还不具备暴动的条件。两天后罗亦农与任旭乘船去上海参加中共中央扩大会议，临行前他写信给新任湖北省委书记王一飞，将湖北目前革命形势和力量进行了说明，并在信中说，"今日动身去沪，吉凶未卜，但君命急召，加以此次之行程关系甚大"决定"冒险而去"。

11月中旬，罗亦农出席中共中央扩大会议，被选为中央政治局委员，担任组织局主任。会后中央鉴于他在两湖的工作经验，决定以罗亦农为中央两湖巡视员去两湖视察，目的是：布置两湖总暴动的工作，恢复各级党部的组织，创造新的军事运动局面。25日，罗亦农到达武汉，立即组织有关人员召开会议，针对目前湖北及全国的形势，布置湖北暴动工作要在一个月内取得政权，要加强对工人武装的培训，购买枪支弹药，组建一支工人红色武装，组织农民游击队。

因罗亦农一直反对湖北等地在条件不成熟的时候举行暴动，并严厉地批评了某些同志"青年冒险主义倾向"，党内的有些同志对他的工作方针产生了想法，觉得他"畏缩不前，临阵退缩"。12月初，共青团长江局等向中共中央反映了罗亦农"犯了严重的机会主义错误"，要求党中央"彻底查究"。鉴于湖北情况的复杂性和重要性，中央决定派特委会前往湖北核实情况，并暂时停止了罗亦农两湖巡视员的职权。罗亦农接受了中央的安排，表示一定配合特委工作，

工农武装斗争的
领导者

同时向特委提交《对于湖北省委扩大会的报告》，明确地表示"我认为马上举行总的夺取政权的暴动，我们主观上确实没有这种力量"，只有在夺取敌人武装，破坏敌人军队，并在各农民暴动较大的区域建立新形式的政权机关后，才能举行总的夺取政权的暴动，否则只能是重复上海三次武装暴动的结果，不但会使好不容易建立的工人武装遭到破坏，对于今后的工作也不好开展。中共中央在经过多方调查、研究后，对湖北党内争论有了明确指示：中央肯定了在唐生智崩溃时，武汉不能举行夺取政权的暴动的决定是正确的，同时指出，主张武汉暴动"不仅是一个错误且系玩弄暴动"。罗亦农对于湖北的政治指导没有犯机会主义的错误，他及时停止暴动的决定"是对的，是正确的指导"，决定无条件恢复罗亦农的工作及在同志们中的威信。

12月末，罗亦农从武汉回到上海，与李哲时（文宜）结婚，来参加婚礼的有周恩来、瞿秋白、王若飞、陈独秀等，他们借婚礼为掩护，交换了对中国革命的策略问题的意见。罗亦农对周恩来说："前一段时间为了扩大党在人民群众中的力量，我们吸收了很多的党员，这是好的，但这些人的素质良莠不齐，有的只是混入革命队伍中捞好处的，我们应该加强对这些人的培训教育，通过培训教育把那些不符合党的要求的同志剔除出党组织，保证党的纯洁性，脚踏实地地开展党组织的工作，准备作长期的斗争。"周恩来拍着他的肩膀说："亦农，咱们俩想到一块儿去了，我们要重新登记党员，只要质量好，不怕数量少，不能让那些投机分子混入我们中间，那对我们党的未来是十分危险的。"

→ 英勇就义

★★★★★

（26 岁）

1928 年上海反共的氛围越来越浓，白色恐怖日益严重，由于罗亦农在上海的名声很高，一直被帝国主义和国民党反动当局以万元巨款悬赏追捕，特务、暗探、叛徒、巡捕，无时无刻不在寻觅着他的踪迹。但他把个人的安危置之度外，勇敢机智地应付各种复杂情况，继续不辞辛苦地奔波着。

3月20日，罗亦农再一次来到武汉巡视两湖工作，此时正值湖北省委遭受大破坏，由五人组成的省委常委中，符定一被捕，夏明翰牺牲，省委书记刘伯庄和余茂怀（后均叛变）在上海，实际"已无省委可言"，整个湖北的工作基本上瘫痪了，罗亦农了解了情况后，立刻指定黄赤光等人组成临时省委，尽快恢复省委的工作，并报告中央湖北省的情况，希望中央马上派人来湖北主持工作。30日，中央复信说已指派陈潭秋等人为湖北新省委人选，并通知罗亦农于4月10日前返回上海，准备同瞿秋白、周恩来、任弼时等人一起去莫斯科筹备共产国际召开党的"六大"。

4月9日，罗亦农返回上海。15日上午，他来到地处英租界戈登路望志里的办公地点，以住家为掩护的何家兴夫妇家，准备与山东来的同志接洽工作。由于叛徒出卖，他刚到接头地点，一群凶神恶煞的巡捕便冲进屋里，用手枪对准了罗亦农，凶狠地叫道："你是罗亦农，我已经注意你两三年了，跟我们走吧！"罗亦农心中明白，敌人是冲着自己来的，早一点离开此地，山东的同志就少一分危险，他于是神态自若地向门外走去。

先他一步离开的邓小平，马上把此消息汇报给了当时正在上海的周恩来，周恩来找到负责反间谍工作的陈赓对他说："第一，马上通知内线，请他务必设法查明事情的真相和敌人的态度，为我们全力营救罗亦农同志作准备。第二，对于到底谁是叛徒一事，在没有铁的、确凿的证据之前，我们绝不可轻率从事。因此，请顾顺章同志安排行动科的同志，暂时将何家兴转移到安全的地方，严密监视他们的举动，但请注意不要惊扰了他们。"

陈赓、顾顺章走后，周恩来踱步走到窗前，一把掀开窗帘，凭窗远眺。窗外月光皎洁，给夜上海涂抹了一层稀薄的银灰色。此刻，他的心潮尚未平静下来。

恍惚间，周恩来的心路回到了一年前的上海！是啊！就在一年以前，他和罗亦农共同领导了上海工人第三次武装起义，在喧嚣的厮杀呐喊声中，他们曾是那样的踌躇满志，那样的壮怀激烈！他的心路又似乎回到了这一

工农武装斗争的
领导者

年的元旦，罗亦农与战友李文宜举行俭朴而庄严的婚礼的日子，他的耳边似乎回荡起了罗亦农与李文宜的结婚誓言：长相依，死相守，白头偕老，终生不悔！

是夜，周恩来再次召集顾顺章、陈赓等人开会，研究如何营救罗亦农。

"陈赓，你那边的情况怎么样？"

"我的内线接触了英巡捕房，与兰普逊见了面，双方初步约定了引渡时间，是4月20日。"

周恩来听完陈赓的汇报，蹙眉陷入了深思，然后说："今天是16日，距离敌人引渡还有三天的时间。"接着，周恩来果断地说："这样吧，明天，希望陈赓同志继续通过内线，查实一下引渡路线。下面，我们研究营救计划。"最后，大家一致议定的意见是：一、准备在引渡的中途武装劫持；二、一旦武装劫持失败，再通过其他的途径营救。

不料，情况却发生了变化。翌日晚，当陈赓约见杨登瀛的时候，杨登瀛告诉陈赓，陈立夫已于当天清晨自南京抵达上海，下午在钱大钧的官邸约见了他。陈立夫说蒋介石很重视罗亦农被捕一案，要不是因为正在山东前线督军北伐，蒋还会亲自赶到上海处理罗亦农一案。另外，陈立夫与钱大钧以"夜长梦多，谨防有变"为由，决定尽快引渡

罗亦农，并且钱大钧已命令警备司令部督察长王斌具办交涉事宜了。据杨登瀛估计，引渡时间绝不会超过第二天中午。这样一来，营救罗亦农的第一种方案显然已无法实现了。因为罗亦农被引渡的时间，已掌握在陈立夫和钱大钧的手里，即使杨登瀛弄到了具体时间，等到通知陈赓和顾顺章等，劫持工作也显然已没有充裕的时间去准备了，这样就很难确保中途劫持的成功率，而一旦劫持行动失败，无疑会加快敌人对罗亦农的杀害。"但如何实施第二种营救计划呢？"陈赓汇报完杨登瀛的情报，直率地提出了自己的疑问。顾顺章当即冒险地提出：待罗亦农被押解到警备司令部之后，乘敌不备，武装劫狱。陈赓首先反对这一冒险盲动的做法，他说："我不同意！首先是我们的力量太弱，淞沪警备司令部是上海国民党军队的老巢，防备极为森严。再则太冒险了，以我们现有的'红队'（专门负责营救被捕的同志和处决叛徒的一支小分队）力量，无异于以卵击石，成功的把握微乎其微！"周恩来听罢，先不表态，而是走到办公桌前，从抽屉里拿出两张报纸，递到顾顺章和陈赓的手里，沉吟地说："这是最近两天的报纸，头条新闻都是关于亦农同志被捕之事。他们声称：首要已擒，共祸可熄。当然，这是敌人借此制造舆论，给群众造成一种共产党已不成气候的假相。但反过来想，这说明敌人十分惧怕亦农同志，必欲除之而后快。事已至此，依我看，营救亦农同志脱离虎口的可能性已经很小了。""当前，我们只有静观事态的变化了。但是，哪怕有一丝希望，我们就绝不能放弃。请陈赓同志尽快设法和亦农同志取得联系，听听他的意见。"诚如杨登瀛所言，敌人果然在 4 月 18 日中午以前，将罗亦农引渡到了龙华淞沪警备司令部，并关押在司令部内陆军监狱男牢。

鉴于罗亦农在中共内部的重要地位，陈立夫、钱大钧均不敢擅自裁决。两人合计后，决定由钱大钧再次电告蒋介石，请示处理意见。同时，他们布置军法处长裘某对罗亦农进行审问。裘某连续审问了三次，罗亦农除告诉他自己公开的姓名和身份外，其余一句话也未多讲。

4月19日，杨登瀛奉陈立夫的命令调来审讯记录。陈立夫审阅后，也不顾及自己的身份，当着杨登瀛的面便破口大骂：

"这就是共匪的领袖！比茅厕里的砖还要臭，还要硬！"

杨登瀛吓了一大跳，他还是第一次见到陈立夫如此暴跳如雷，如此歇斯底里。他小心翼翼地问道：

"先生打算如何处置罗亦农呢？"

"杀无赦！"陈立夫恼羞成怒，咬牙迸出这三个字。过了一会儿，他的情绪稍缓和了下来，又说："当然，必须得等到蒋主席的来电，由他亲自裁决。"

就在罗亦农被引渡后的第三天(4月20日),蒋介石从"北伐"前线山东曲阜发来了回电:"就地枪决!"翌日,罗亦农身着直贡呢马褂和灰色哔叽长袍,脚穿皮便鞋,在一个排的敌人押解下,从容步入刑场,英勇就义。罗亦农牺牲后,敌人残暴地把他的遗体暴弃郊外,并严令不许收殓。周恩来知道后,命洪扬生带了两名同志,于午夜时分,找到乱坟场,将烈士的遗体收殓起来。后在党组织协助下,安葬于上海虹桥机场附近一处公墓,抗日战争期间,公墓被日本侵略军扩建机场时平毁,解放后虽经多方寻找,但罗亦农烈士的忠骨至今下落不明。

当夜,罗亦农的遗物———一封写给新婚妻子李文宜的信,由狱中的同志转送了出来。当周恩来看到遗书上的一句话"学我之所学,以慰我"时,泪水霎时涌出了眼眶。他在心底痛责自己:"我堂堂七尺须眉,眼睁睁地看着亦农你受死,却又无可奈何!"

经过陈赓等同志的仔细调查,原来得知,告密者正是何家兴、贺芝华夫妇。他们从德国留学归来后,被党组织安排以夫妻名义看守戈登路党的秘密机关,同时,何家兴兼任罗亦农的秘书。眼见上海滩上灯红酒绿、纸醉金迷的生活,他们那两颗本不安稳的心被激活了。因为他们已忘不掉资产阶级的生活方式了，随着时日的增加，再也不能忍受这种枯燥乏味的秘密生活。于是，他们频繁出入茶楼酒肆、舞场剧院，并且不遵守秘密工作纪律，经常玩得很晚才回家。这些引起了罗亦农的警觉，为此，罗亦农多次对他们进行严肃的批评。但他们非但不改，反而心生怨怼。经过一段时间的思想斗争，他们终于决定豁出去，并很快到英巡捕房秘密自首，供出了罗亦农。他们还与英巡捕房约好，一旦罗亦农赶到机关，即由他们的女佣以上街买菜为由，趁机向街头的站岗巡捕报警；并且故意只抓罗亦农一人，使他们得以隐瞒身份，继续在秘密机关守候，直到安全出境为止。

周恩来当即指示："既然已经彻底查实何家兴夫妇就是叛徒，就要尽快动手解决，不要再造成损失。这次行动，具体由'红队'办理。一定要处理得干净利落，不留后患。" 4月25日清晨，一顶迎亲的小轿沿南京路一条小弄堂缓缓走来，锣鼓、唢呐声打破了清晨的静谧。当队伍行走到亚洲旅馆门前时，只见一个老板模样的人，将一条长板凳往街中央一摆，往上压了一摞光洋，然后伸展双手，向众人笑容可掬地扯起嗓子喊道："请各位兄弟赏光。今天，我借新郎倌儿大喜的日子，向你们讨个吉利！"见到白花花的光洋，轿夫们马上停下轿子。鼓乐手们也马上挤弄腮帮，使劲儿地吹奏起来。迎亲的伙计们也不闲着，有的燃起了串鞭，有的点起了"冲天炮"，"劈啪"地往空中放。顷刻间，鞭炮声和鼓乐声混响一团，回荡在宁静的街道上。附近的居民纷纷揉着惺忪睡眼，跑到街头来看稀奇。就在这当口，几个人悄悄地溜进了亚洲旅馆。他们用脚踢开一扇房门。正在酣睡的何家兴夫妇被蓦地惊醒，没等反应，"红队"成员的枪声已响，何家兴当场毙命，贺芝华被打瞎一只眼睛，后被敌人送入医院治疗，伤愈后逃回老家四川隐居，全国解放前病死。

为了深切悼念罗亦农，中共中央在 1928 年 5 月 30 日出版的《布尔什维克》杂志第二十期上，以头版头条的位置发表专文，题目是《悼罗亦农同志》。文章写道："亦农同志被害了，中国无产阶级失去了一位最热烈的领袖，中国共产党失去了一位最英勇的战士。"文章高度评价了罗亦农的革命精神，指出："罗亦农同志的热烈革命精神，可为中国共产党全党党员的楷模。反动派吴稚晖等提罗亦农三个字为之齿颤。他的死是莫大的损失！"

后　记

碧血洒龙华　神州遍红花

26岁，正是人一生中的黄金时期，但罗亦农却为了中国人民的解放事业献出了他年轻的生命。他短暂的一生，是革命和战斗的一生，创造了光辉的业绩，留下了宝贵的精神财富。

作为一名共产党员，在革命的大是大非面前他能够坚持自己的立场，面对那些对中国革命有着严重危害的右倾机会主义言行时，他没有盲目跟随，而是毫不犹豫地站出来，旗帜鲜明地进行了抵制和反对。

在中国革命处于低潮、敌强我弱的形势下，他没有放弃共产主义的信念，而是运用马克思主义基本原理分析中国国情，积极探索中国革命基本问题，大力宣传"工农武装割据"的思想，派大批干部到农村中去，开展游击战争，建立工农政权，实行土地革命，他的这些思想对指导中国大革命和土地革命的发展，发挥了很重要作用。

作为一名党的干部，早在留学俄国期间，他就非常重视培训革命人才，他曾说过："这些人将来都是革命的希望，中国之革命要依靠他们去领导。"回国后无论是在江浙区委还是后来到中共中央任职，他都没有停止过对人才的培训，经他介绍入党的刘少奇、林伟民、叶挺等人也确实成为了中国革命的中流砥柱。

对于革命同志，他积极关心他们的生活、工作。对于那些在各地武装暴动中被冲散的同志，他想方设法找到他们，安排他们的工作和生活，贺锦斋等人就是其中的一部分，他们参加南昌起义后率部转战，在广东被敌人打散，经上海来到武汉，当时罗亦农任湖北省委书记，闻讯后，与他们取得了联系，并安排他们去湖北荆江地区，在当地党组织的领导下，开展武装斗争，孕育了后来的中国工农红军第六军。临行前，他还赠给贺锦斋两支手枪，鼓励他坚持战斗下去。

叛徒的出卖中止了他的革命生涯，敌人许以的高官厚禄对他来说分文不值，他始终坚信他的战友同志们会为他报仇。罗亦农洒在龙华刑场的鲜血，在神州大地开出了一朵朵的红色革命之花，他的精神激励着一代又一代的共产党员为新中国的革命事业献身。今天，昔日只能被帝国主义所欺辱的"弱者"成了今日的"巨人"，我想如果罗亦农同志英魂有知，一定会放怀大笑。